GUIA DE ENTREVISTA INVESTIGATIVA

Uma coletânea das melhores práticas para a obtenção de testemunhos e declarações

Pró-Consciência
Brasília
2020

GUIA DE ENTREVISTA INVESTIGATIVA

Uma coletânea das melhores práticas para a obtenção de testemunhos e declarações

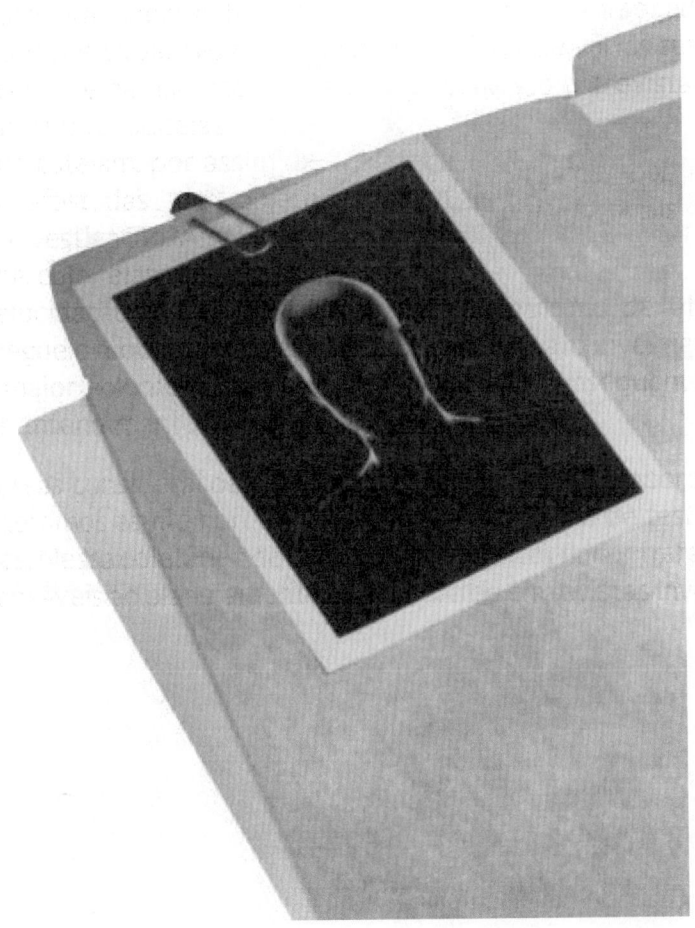

ANDRÉ PAULO MAURMANN e MAURÍCIO VIEGAS PINTO

Pró-Consciência
Brasília
2020

GUIA DE ENTREVISTA INVESTIGATIVA:
Uma coletânea das melhores práticas para a obtenção de testemunhos e declarações © 2020
Direção editorial: Lívia Borges
Capa: Leandro Moraes Barbosa Lima
Diagramação: Madalena Araújo
Ilustrações: Isac Samuel da Silva
Revisão: Ana di Goya
Dados Internacionais de Catalogação na Publicação (CIP)
(Câmara Brasileira do Livro, SP, Brasil)

Maria Alice Ferreira - Bibliotecária - CRB-8/7964

> Maurmann, André Paulo
> Guia de entrevista investigativa: : uma coletânea das melhores práticas para a obtenção de testemunhos e declarações / André Paulo Maurmann, Maurício Viegas Pinto. -- 1. ed. -- Brasília : Pró-Consciência, 2020.
> Bibliografia ISBN 978-65-86485-04-2
> 1. Direito 2. Declarações 3. Entrevistas 4. Entrevistas - Métodos 5. Investigação 6. Testemunhos I. Pinto, Maurício Viegas. II. Título.
>
> 20-44667   CDU-343

Proibida a reprodução, o armazenamento ou a transmissão de partes deste livro, por quaisquer meios, sem prévia autorização por escrito, ou seja, sem permissão expressa dos autores ou da editora.

Todos os direitos reservados.

Pró-Consciência®
Editora
www.proconsciencia.com.br

AGRADECIMENTOS

Fazer um agradecimento conjunto não é tarefa fácil, mas tentaremos...

Agradecemos primeiramente ao bom Deus, pela força e saúde que nos concedeu para desenvolver este audacioso projeto.

Ao Exército Brasileiro e ao Tribunal de Justiça do Distrito Federal e dos Territórios, instituições nas quais cumprimos as nossas missões enquanto colaboradores para o progresso da Nação, pela formação e especialização, e também pela confiança depositada em mais de duas décadas de trabalho.

Às nossas famílias, que souberam compreender os incontáveis momentos de ausência, necessários para que pudéssemos nos dedicar às leituras, aos estudos e ao aprimoramento intelectual. Sem a colaboração de vocês, este livro não teria sido escrito.

Também nos agradecemos mutuamente, pela compreensão e camaradagem, e pela maturidade que tivemos em momentos de discordância. Numa obra escrita a quatro mãos, o fator resiliência é fundamental para manter a equidade e a fluidez do trabalho.

Ao ilustrador Isac Samuel da Silva, pela maestria no traçado dos desenhos que ilustram essa obra.

Ao Designer Leandro Moraes Barbosa, pelo belo trabalho realizado na elaboração da capa, a primeira imagem que os leitores terão deste Guia.

À diretora editorial Lívia Borges, da Pró-Consciência, pelo trabalho de excelência. Sua colaboração foi essencial para a qualidade final do material que agora apresentamos para ser publicado.

Agradecemos a todos que, de uma forma ou de outra, nos incentivaram a prosseguir nesta empreitada.

Um agradecimento especial aos companheiros do IBRAV, pelo incentivo constante e por terem se disponibilizado a partilhar conosco os seus conhecimentos, que acrescentaram imensurável valor ao nosso trabalho.

Registramos o nosso profundo agradecimento à Dra. Jerusa Bandeira, pela gentileza e consideração demonstradas ao aceitar prontamente o convite para prefaciar este livro.

Por fim, agradecemos a você, caro leitor, pela confiança depositada em nós ao buscar novos conhecimentos nesta singela obra.

A todos vocês, o nosso muito obrigado!

A todos os profissionais que se dedicam ao aperfeiçoamento, aplicação e ensino da entrevista investigativa.

Não sabendo que era impossível, eles foram lá e fizeram.
Jean Cocteau (com adaptações)

PREFÁCIO

"(triste de nós que trazemos a alma vestida!),
Isso exige um estudo profundo,
Uma aprendizagem de desaprender"
Fernando Pessoa

Caro leitor,

Ao terminar a primeira leitura da obra, o poema de Pessoa me veio à mente.

O desafio apresentado pelos autores nesse Guia exige de nós o aprendizado de desaprender velhas fórmulas, antigas técnicas, conceitos tantas vezes arraigados na nossa mente e na nossa rotina profissional.

E ao mesmo tempo em que senti essa inquietação, pude experimentar a satisfação por ver preenchida uma lacuna que há muito necessitava de um olhar, de estudo e análise.

O Guia apresentado pelos autores mostra-se uma obra competente, didática, mas em nenhum momento maçante, fundamentada não só na experiência dos autores, que é extensa, mas em diversos estudos e em análise de casos, que facilitam a compreensão e abrem as portas de um tema tão caro aos investigadores, que é a entrevista investigativa, revelando que a técnica vai muito além de um simples ouvir um relato, para a capacidade de conseguir avaliar, extrair e processar a fala e o comportamento não verbal de um entrevistado. Já no início indicam os autores: "A entrevista investigativa assume, nesse contexto, papel de destaque ao configurar-se como a ponte que conduz o indivíduo da condição de mero observador ao estado de testemunha".

E tal ação traz consequências sensíveis à investigação, porque possibilita que o relato seja obtido com clareza, riqueza de detalhes e compreensão do contexto em que ocorreu, possibilitando ao entrevistador um material com conteúdo útil, acurado e o mais íntegro possível, vez que afastadas contaminações ou conduções nesse processo.

A prova testemunhal tão questionada, ante a natural falibilidade do humano, no contexto da entrevista investigativa realizada com a observância dos aspectos ambientais, emocionais e de colheita apropriada do depoimento, pode se revestir em instrumento confiável e que auxiliará na apuração dos fatos. Este Guia traduz-se, assim, em um caminho para melhor ouvi-la e compreendê-la.

Importante destacar que a entrevista investigativa não se confunde com a entrevista operacional utilizada na atividade de inteligência e, de igual modo, não se confunde com o interrogatório ou com as oitivas em uma audiência, que possuem dinâmicas próprias e uso de técnicas diversas.

A entrevista investigativa é instrumento a ser utilizado na construção do que se pretende apurar, onde o investigador pode controlar o local, o tempo e a preparação da entrevista, ferramenta indispensável para obtenção do testemunho isento e correspondente à verdade dos fatos.

Como visto ao longo das páginas, didática e graficamente demonstrado, há toda uma metodologia que necessita ser aplicada, para um resultado adequado.

A entrevista investigativa é, assim, um aprendizado. Exige tempo, estudo, capacidade de entender erros cometidos, de revisar procedimentos, de compreender que o ambiente em que o depoimento é colhido influencia na narrativa, que a maneira como o entrevistador se comporta é fator importante na dinâmica do método. Exige também a compreensão de que o entrevistador não é o protagonista e, portanto, a vaidade precisa ser domada para que a entrevista se desenvolva sem interrupções e conduções. Até porque, na condução da entrevista, haverá momento para os questionamentos que naturalmente surgirão.

Esse livro é para todos que se permitem revisar certezas, todos os que, ao final, tem no aprendizado e no adquirir um conhecimento o alicerce maior em sua vida profissional.

Desfrutem desse novo aprendizado.

São Luís, 28 de agosto de 2020.

Jerusa Bandeira
Promotora de Justiça
do Ministério Público do Estado do Maranhão

APRESENTAÇÃO

Este é um livro escrito para investigadores.

Muito embora os avanços da tecnologia disponibilizem diariamente novas e poderosas ferramentas para a coleta de dados, desde as imagens de satélites até modernos aplicativos para análise de vínculos, a prática nos mostra que as pessoas ainda são, e provavelmente continuarão a ser, por um bom tempo, a melhor e mais preciosa fonte de dados para o desvelamento de fatos que precisem ser elucidados.

O assunto do qual passaremos a tratar, tema dos estudos que embasaram a elaboração dessa obra, pode ser abordado sob diferentes perspectivas. Pode ser analisado, por exemplo, pela ótica da psicologia, disciplina essencial para que se conheça os mecanismos de funcionamento da memória, parte consciente do cérebro responsável por armazenar as informações que serão acessadas para se extrair o relato da testemunha. Mas, também, pode ser explorado pelo viés policial ou forense, pois, será notadamente será nesses ambientes que os testemunhos serão apresentados. Neste Guia, contudo, optamos por uma abordagem mais abrangente, que se aplique ao processo investigativo de um modo geral, seja no âmbito administrativo, policial, militar, judicial ou mesmo por profissionais que trabalhem na iniciativa privada.

Desse modo, caro leitor, se em sua atividade profissional você lida com situações desafiadoras, nas quais existem fatos que precisam ser esclarecidos, e se a elucidação destas questões passa, necessariamente, pela oitiva de testemunhas, este é o livro certo para você.

Ao longo da elaboração do Guia de Entrevista Investigativa utilizamos as palavras testemunha e declarante de forma abrangente, compreendendo as suas diversas acepções. Desse modo, embora possam ser assinaladas algumas diferenças entre elas, neste livro ambas são empregadas como sinônimos, ou seja, referindo-se unicamente ao seu aspecto instrumental, e sem qualquer conotação no âmbito jurídico.

Advertimos que esse livro não foi pensado na forma de um manual, em que todos os passos de um determinado protocolo estejam descritos de forma sistemática. Ao contrário, ele foi planejado para ser uma coletânea de boas práticas, ou seja, orientações que possam ser aplicadas aos diferentes protocolos de entrevista investigativa, ensinados e utilizados no Brasil.

De fato, o leitor encontrará aqui um roteiro seguro para o planejamento e execução de entrevistas investigativas. Essa obra foi elaborada com base em procedimentos que foram testados e validados pelos autores ao longo dos últimos vinte e cinco anos, nos quais tiveram a oportunidade de atuar como entrevistadores em uma infinidade de casos concretos.

Na PRIMEIRA PARTE do Guia, apresentaremos alguns dos principais aspectos relacionados à entrevista investigativa, de forma que o leitor possa perceber a sua importância no contexto da obtenção de testemunhos e declarações. Embora todo o texto esteja balizado em pesquisas científicas, optamos por adotar aqui uma linguagem mais acessível, de grande abrangência, mas sem renunciar à precisão técnica que caracteriza todo o material levantado em nossos estudos.

Na SEGUNDA PARTE do livro, o leitor encontrará uma coletânea com as melhores práticas para obtenção de testemunhos e declarações. A corrente de pensamento escolhida foi a do pragmatismo. Ao todo, são apresentadas vinte orientações que podem ser aplicadas a inúmeras situações no âmbito de entrevistas investigativas. A escolha dos temas fundamentou-se na vivência profissional dos autores, e teve como principal diretriz disponibilizar, ao público de interesse desse trabalho, ferramentas efetivas para a obtenção do melhor relato possível, tanto em extensão quanto em qualidade. O leitor perceberá que, apesar de aparentemente independentes, todos os temas abordados estão ligados por uma linha condutora, de modo que há um encadeamento de ideias que une os elementos textuais do começo ao fim dessa obra.

Na TERCEIRA e última parte, apresentamos e disponibilizamos três estudos de caso. Os dois primeiros são fragmentos de entrevistas fictícias, que permitirão ao leitor identificar alguns erros comuns na condução de uma entrevista investigativa. O terceiro estudo de caso, baseado em uma entrevista real, foi devidamente adaptado pelos autores, de modo a preservar a identidade dos envolvidos, e pretende-se que sirva de referência, para quem dele possa lançar mão, na condução de seus processos investigativos. Essa parte final confere relevância didática ao Guia, pois possibilita a identificação dos pontos nos quais o leitor, eventualmente, ainda precise se aprofundar. Devido à vasta e consistente literatura estudada para fundamentar o conteúdo desse livro e à experiência vivencial dos autores que, antes, aplicaram em seus ofícios todas as técnicas aqui relatadas, trata-se de um material de apoio de valor inestimável.

De forma complementar, disponibilizaremos, ao final do livro, um glossário com termos e expressões que o leitor poderá encontrar em outras leituras ou estudos relacionados ao contexto da entrevista investigativa.

O número de profissionais que aplicam a entrevista investigativa é amplo em nosso País: policiais, militares, membros do Ministério Público e do Poder Judiciário, servidores que atuam em sindicâncias e processos disciplinares, investigadores em geral. Contudo, acreditamos que – senão na totalidade – pelo menos na maior parte do texto conseguimos abordar os temas de uma forma que seja útil a esse grande e diversificado grupo de leitores, independentemente de suas respectivas áreas de atuação. Faz-se necessário dizer que, por mais que tenhamos nos esforçado em utilizar uma linguagem acessível, a natureza do assunto nos obrigou, em determinados momentos, a recorrer a termos científicos ou jurídicos para explicar os temas abordados.

Ressaltamos, ainda, que as orientações aqui apresentadas não se destinam ao interrogatório de suspeitos. Para este procedimento existem técnicas específicas, cuja abordagem é absolutamente distinta da que é empregada na entrevista investigativa. O interrogatório é matéria que pretendemos tratar em outra obra, na qual apresentaremos, de forma detalhada, as suas diferentes vertentes e modos de aplicação.

Por fim, convidamos os leitores que desejam se aprofundar nos conteúdos apresentados ao longo deste Guia a conhecerem os cursos de formação oferecidos pelo Instituto Brasileiro de Análise de Veracidade, oportunidade em que poderão ter contato com metodologias exclusivas, formatadas especialmente para atender às necessidades dos profissionais que buscam atingir a excelência na aplicação desta técnica.

Boa leitura!

Os autores

SUMÁRIO

Agradecimentos 5
Prefácio 9
Apresentação 11

I – Importância da Entrevista Investigativa para a Coleta da Prova Testemunhal 17
1. Aspectos introdutórios 19
2. A influência da memória na prova testemunhal 22
3. A principal característica de uma entrevista investigativa 32
4. Diferentes tipos de testemunhas 34

II – Uma coletânea das melhores práticas 37
1. Planeje a sua entrevista 39
Modelo Plano de Entrevista 46
2. Fique atento às suas atribuições 48
3. Aprenda a escutar a testemunha 52
4. Evite contaminar a entrevista 55
5. Procure aprimorar sua técnica 58
6. Saiba escolher o melhor entrevistador 62
7. Prepare adequadamente o local da entrevista 65
8. Defina quem deve permanecer na sala de entrevista 70
9. Grave a entrevista 74
10. Receba a testemunha de forma adequada 80
11. Avalie o grau de ansiedade da testemunha 86
12. Esteja preparado para situações inusitadas 98
13. Permita a narrativa livre dos acontecimentos 101
14. Auxilie na recuperação de memórias 111
15. Utilize corretamente as evidências 119
16. Não acredite no mito do nariz de Pinóquio 122

17. Formule corretamente suas perguntas 129
18. Esteja pronto para realizar uma entrevista virtual 146
19. Encerre adequadamente a entrevista 150
20. Elabore um relatório ao final da entrevista 153
Modelo: Relatório de Entrevista 157

III – Estudos de Caso 159
Nota Explicativa 160
Situação 1 161
Situação 2 167
Situação 3 174
Glossário 192
Decálogo do Entrevistador Investigativo 199
Referências 200

I – Importância da Entrevista Investigativa para a Coleta da Prova Testemunhal

1. ASPECTOS INTRODUTÓRIOS

Uma só testemunha não é suficiente para condenar alguém por algum crime ou delito. Qualquer acusação precisa ser confirmada pelo depoimento de duas ou três testemunhas.
Bíblia Sagrada

I — Importância da Entrevista Investigativa para a Coleta da Prova Testemunhal

Já nas Escrituras Sagradas encontramos a ressalva de que a prova testemunhal deve ser valorada com cautela, e de que jamais se deve condenar uma pessoa com base no depoimento de uma única testemunha[1].

---

1   Deuteronômio 19:15.

Contudo, embora a prova testemunhal seja considerada como de baixa confiabilidade, e receba inclusive, por parte de alguns autores, a alcunha de *prostituta das provas*[2], o relato apresentado por testemunhas continua sendo o meio mais utilizado para a elucidação de crimes de um modo geral. Com efeito, pode-se afirmar que não apenas na persecução penal, mas em todas as investigações conduzidas sem o apoio de provas materiais (como um exame de DNA, por exemplo) existe uma forte dependência da prova testemunhal, de forma que o domínio de procedimentos adequados para a obtenção de declarações constitui fator essencial para a devida apuração dos fatos.

A entrevista investigativa assume, nesse contexto, papel de destaque ao configurar-se como a ponte que conduz o indivíduo da condição de mero observador ao estado de testemunha. De fato, a metodologia empregada nesta técnica é a que mais se compatibiliza com a coleta da prova testemunhal, pois será a partir de uma entrevista bem planejada e cuidadosamente realizada que o investigador obterá o relato mais completo e acurado possível das circunstâncias que envolvem a questão em análise. Por relato completo, entendemos aquele que busque preencher a maior quantidade de lacunas que possam aparecer durante a recordação do evento em apuração. Por relato acurado entendemos aquele que seja preciso, isto é, que minimize a interferência dos variados elementos de contaminação que serão abordados ao longo deste Guia. O relato acurado decorrerá também da redução de conjecturas, de forma a reproduzir, com a maior fidelidade possível, as memórias evocadas pela testemunha sobre o evento.

Ao destacarmos a importância da entrevista investigativa julgamos pertinente diferenciá-la de outras técnicas destinadas à inquirição de pessoas. Registre-se, nesse sentido, que o livro que o leitor tem em mãos não trata das ações desenvolvidas no âmbito das chamadas Operações de Inteligência. Ao contrário, as metodologias aqui apresentadas voltam-se especificamente à realização de procedimentos ostensivos, que ocorram sem o emprego de técnicas operacionais. De fato, qualquer tipo de interferência no relato apresentado pela testemunha caracterizaria, como veremos adiante, um elemento de contaminação, precisamente aquilo que buscamos evitar. Também é importante ressaltar que não trataremos aqui das chamadas Técnicas de Interrogatório,

---

2   *A contraparte da prova testemunhal seria a confissão que, embora seja considerada por muitos autores como a rainha das provas, também pode ser utilizada como meio para a fraude processual.*

as quais se aplicam objetivamente à inquirição de suspeitos, indiciados ou acusados, estando, desse modo, mais relacionadas ao procedimento acusatório.

Assim, o foco da nossa abordagem estará direcionado para a tomada de declarações de testemunhas que tenham presenciado um determinado evento e possam – de forma colaborativa – prestar esclarecimentos a respeito dos fatos, contribuindo para a sua correta elucidação. Ressalte-se que os termos "testemunha" e "declarante" serão empregados, ao longo deste Guia, em sentido amplo, englobando também a figura da vítima que, em muitos casos, pode ter interesse pessoal em apresentar a sua versão sobre os acontecimentos.

> **LEMBRETE:**
> *QUALQUER TIPO DE INTERFERÊNCIA NO RELATO APRESENTADO PELA TESTEMUNHA CARACTERIZARIA, COMO VEREMOS ADIANTE, UM ELEMENTO DE CONTAMINAÇÃO, PRECISAMENTE AQUILO QUE BUSCAMOS EVITAR.*

2. A INFLUÊNCIA DA MEMÓRIA NA PROVA TESTEMUNHAL

Inicialmente, devemos destacar que a memória é a matéria-prima a partir da qual será construído o relato da testemunha. Assim, todas as instruções expressas nesse Guia estarão orientadas a preservar, da melhor maneira possível, as lembranças originais que o declarante tenha sobre os fatos que presenciou. Desde o planejamento até a elaboração do relatório final, buscaremos evitar a interferência de qualquer elemento que possa comprometer a qualidade dessas recordações.

Desse modo, a primeira pergunta que devemos responder para que possamos iniciar, de maneira adequada, os nossos estudos sobre entrevista investigativa é: Como se formam as recordações?

> **MEMÓRIA:**
> A MATÉRIA-PRIMA DO TESTEMUNHO

Para responder a essa pergunta, precisaremos entender um pouco melhor sobre a natureza e o funcionamento da memória. Basicamente, entendemos a memória como sendo um processo que compreende três ações distintas, a saber: registro, armazenamento e posterior recuperação das informações que foram armazenadas, conforme observamos no esquema a seguir:

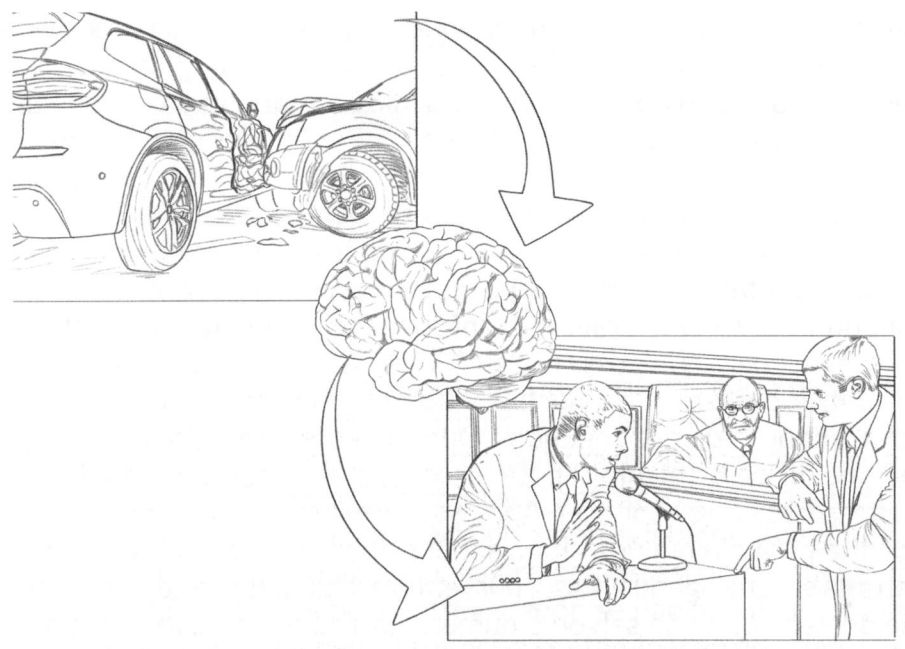

A formação da memória inicia-se, portanto, com o registro de estímulos que foram capturados por nossos sentidos, os quais ficarão gravados por uma fração de segundo. Depois de apreendidos por nossos órgãos sensoriais, os estímulos poderão ser descartados ou armazenados. Se forem guardados, ingressam em nossa memória de curto prazo (onde permanecerão por apenas alguns segundos) ou em nossa memória de longo prazo, onde tendem a perdurar por mais tempo. De um modo geral, o que definirá se um determinado registro chegará ou não à nossa memória de longo prazo será o significado que atribuirmos a ele. De fato, todos os eventos que consideramos relevantes, ou que nos impactem emocionalmente, tendem a permanecer gravados por um período maior em nossa memória. Para entendermos melhor como acessar as informações a partir das lembranças do entrevistado, vejamos o exemplo a seguir.

Imaginemos que dois jovens irmãos tenham por hábito realizar viagens de carro aos finais de semana. Enquanto viajam, eles são expostos a uma série de estímulos, tais como a paisagem da estrada, outros veículos, pessoas e animais que eles encontrem durante o percurso. A maior parte das percepções que seus olhos capturam, como a placa de um carro pelo qual eles acabaram de passar, será retida pelos seus sentidos, permanecerá por uma fração de segundo em sua "memória sensorial", e desaparecerá logo em seguida.

Algumas informações, contudo, podem ingressar em sua memória de curto prazo... Imaginemos que durante esta viagem um dos irmãos (o que está no banco do passageiro) visualize à margem da estrada um anúncio com uma oferta que lhe chame a atenção. Eles não podem parar o veículo e nem retornar para anotar o telefone do anúncio, porque o fluxo de carros não permite. Como o seu aparelho celular está desligado e guardado, nesse momento, ele simplesmente lê em voz alta o número de contato que aparece no anúncio e pede para que seu irmão (o condutor do veículo) grave esta informação, enquanto ele localiza o equipamento, para que possa registrá-lo em sua agenda. Essa operação, de encontrar o telefone na mochila, acioná-lo e liberar a senha de acesso, leva em torno de dez segundos. Durante esse intervalo de tempo, o irmão que dirige o veículo repete mentalmente o número de telefone do cartaz, para não o esquecer. Após o seu irmão ligar o aparelho, o condutor dita para ele em voz alta a sequência numérica, para que possa registrá-la em sua agenda. Caso, porventura, algum tempo depois, o seu irmão perceba que não salvou o número corretamente e lhe peça para ditá-lo outra vez, o condutor provavelmente já não se recordará mais desse registro, pois o reteve apenas pelo tempo necessário.

O exemplo acima ilustra o que chamamos de memória de curto prazo, ou seja, o estímulo inicial (número do telefone do anúncio) ficou retido apenas por alguns segundos na memória de um dos irmãos, e logo depois desapareceu.

Contudo, podem ocorrer situações que penetrem na memória de longo prazo dos nossos viajantes... Imaginemos agora que, durante esta mesma viagem, ambos os irmãos visualizem o exato momento em que um animal adentre a estrada, de forma inusitada, e provoque um grave acidente envolvendo vários veículos. Suponhamos esta cena: uma carreta desgovernada e alguns pedestres que estavam no acostamento no momento em que o desastre acontece. Os transeuntes tiveram uma morte violenta. Seus corpos foram completamente esmagados contra um galpão. Por se tratar de uma visão que causou grande impacto emocional, decorrente de um evento presenciado em tempo real pelos irmãos, ambos se recordarão da cena por um longo período. Talvez, quem sabe, durante toda a vida eles se recordem do trecho da estrada em que o acidente ocorreu, bem como do horário aproximado e do assunto sobre o qual conversavam no momento em que os carros colidiram. Possivelmente se recordarão também do barulho provocado pela freada brusca da carreta, do som dos corpos sendo atingidos pelos veículos e esmagados contra o galpão. Esses registros poderão ficar impressos em suas memórias por muito tempo. Trata-se da chamada memória de longo prazo, a qual, como o leitor já deve ter percebido a essa altura, é de especial interesse e relevância no contexto de uma entrevista investigativa.

Um exemplo de memórias de longo prazo, diretamente relacionadas aos relatos apresentados em uma entrevista investigativa, são as memórias declarativas. As memórias declarativas são a base a partir da qual as testemunhas elaboram suas declarações sobre assuntos que sejam do seu conhecimento ou sobre eventos que tenham presenciado no passado. Note-se que a memória declarativa compreende dois tipos de recordações: aquelas de natureza mais genérica (referentes ao conhecimento que acumulamos ao longo da vida, da nossa percepção do mundo) e aquelas de natureza mais específica (referentes a eventos que tenhamos presenciado). Essas recordações são denominadas, respectivamente, como memórias semânticas e memórias episódicas.

Conforme veremos mais adiante, recordações baseadas exclusivamente em memórias semânticas ou em memórias episódicas resultarão em diferentes tipos de relatos. De fato, em uma entrevista de natureza investigativa, será fundamental a colaboração de testemunhas que prestem informações tendo por referencial suas memórias episódicas. Para que o leitor compreenda a distinção entre esses dois tipos de memória, recorreremos, mais uma vez, ao exemplo dos jovens viajantes, apresentado anteriormente.

> **LEMBRETE:**
> HÁ VÁRIOS TIPOS DE MEMÓRIA: DE CURTO E LONGO PRAZO, DECLARATIVA, EPISÓDICA, PROCEDIMENTAL, SEMÂNTICA E OUTRAS. CONSULTE O GLOSSÁRIO PARA MAIS DETALHES.

Imaginemos agora que alguns dias após retornarem de sua viagem os dois jovens irmãos tenham se reunido com os demais parentes para um almoço de domingo. Ao término da refeição, é costume dessa família conversar sobre os acontecimentos da semana. Os irmãos, contudo, decidiram não comentar sobre o grave acidente. Eles tomaram esta decisão porque queriam evitar causar um susto em sua avó materna, uma senhora com noventa anos de idade que, recentemente, havia se submetido a uma delicada cirurgia e que não aprovava as viagens que eles faziam aos finais de semana. Contudo, um dos seus tios, que trabalhava no Departamento de Trânsito e também achava essas viagens arriscadas, resolve abordar o assunto como uma forma de alertar os irmãos sobre o risco de trafegar por aquela estrada. O tio era um especialista em educação para o trânsito e tinha ciência de dezenas de acidentes semelhantes que ocorreram naquele mesmo local. Com base no seu conhecimento sobre o assunto, ele faz menção ao crescimento das estatísticas de acidentes graves envolvendo veículos de passeio e carretas nos últimos anos. Note-se que o alerta é feito pelo tio, de uma forma genérica, e sem se referir a nenhum caso concreto. Esse tipo de relato, que se caracteriza pelo conhecimento geral que a testemunha possui sobre o assunto, resulta do que denominamos como memória semântica.

Tendo, ainda, como pano de fundo, o evento testemunhado pelos irmãos, imaginemos agora uma situação diferente da anterior. Aproximadamente três meses após a viagem em que presenciaram o grave acidente, um dos irmãos (o que estava dirigindo) foi procurado pela polícia, que o localizou pela placa do seu veículo, a qual foi registrada pelas câmeras de segurança do Departamento de Trânsito, instaladas no local do acidente. Ele foi convidado a testemunhar sobre o fato, que resultou na morte trágica de algumas pessoas que transitavam pelo local. Durante o seu relato, ele narrou características dos diferentes veículos que se envolveram no abalroamento. Mencionou quantos carros colidiram e a velocidade aproximada em que eles transitavam. Descreveu a posição em que os veículos ficaram após o choque e a forma como atingiram as pessoas que estavam próximas ao local do acontecimento. Esse tipo de narração de fatos, que se caracteriza pela descrição de uma experiência pessoal concreta, resulta daquilo que denominamos como memória episódica.

Com base nessas explicações, não é difícil perceber que, embora relatos baseados em memórias semânticas sejam úteis para que possamos conhecer as características gerais de um determinado assunto, serão os relatos resultantes de memórias episódicas que irão, efetivamente, permitir o esclarecimento dos fatos no contexto de uma entrevista investigativa.

Cabe, ainda, ressaltar que o acesso às memórias de longo prazo, em especial às memórias episódicas, pode ser facilitado mediante o emprego de algumas estratégias especiais de recuperação, as quais serão apresentadas de forma mais detalhada em outro capítulo deste Guia[3].

---

3   *Na segunda parte deste Guia, abordaremos em mais detalhes este assunto, inclusive exemplificando algumas estratégias adotadas para a recuperação de memórias no contexto de entrevistas investigativas.*

Registre-se, aqui, um alerta importante sobre esse assunto. Um dos maiores erros que se pode cometer no âmbito de uma entrevista investigativa é acreditar que a memória da testemunha funcione da mesma maneira que uma filmadora, ou seja, que a qualquer momento possa ser acionada para reproduzir, de forma integral, as imagens que foram anteriormente gravadas. Muito pelo contrário. Conforme a pesquisadora americana Elizabeth Loftus[4] costuma destacar em suas conferências, na realidade as nossas recordações mais se assemelham a uma *Wikipedia*, pois podem ser editadas por qualquer pessoa e estão, efetivamente, em constante atualização.

Desse modo, devemos estar cientes de que, ao recordar-se de um determinado evento, o declarante pode evocar lembranças que apresentem lacunas (espaços que não estejam preenchidos) e também distorções (registros que não correspondam exatamente aos estímulos originalmente armazenados em sua memória). Tanto em um caso quanto em outro, estaremos diante de falhas no processo de recuperação de memórias, que podem comprometer a qualidade do relato apresentado pela testemunha.

> **LEMBRETE:**
> UM DOS MAIORES ERROS QUE SE PODE COMETER NO ÂMBITO DE UMA ENTREVISTA INVESTIGATIVA É ACREDITAR QUE A MEMÓRIA DA TESTEMUNHA FUNCIONE DA MESMA MANEIRA QUE UMA FILMADORA.

Diferença entre falhas no processo de recuperação de memórias e mentiras

Ao assinalarmos a possibilidade de que ocorram falhas no processo de recuperação de memórias, as quais podem se manifestar na forma de lacunas ou distorções em relação ao que tenha sido originalmente registrado pela testemunha, nós não estamos, de modo algum, nos referindo às mentiras, ou seja, às falsas declarações emitidas intencionalmente, com o objetivo de afetar o entendimento do investigador sobre o fato em apuração. Definitivamente, não é disso que estamos tratando.

---

4   *Uma das maiores autoridades do mundo em estudos sobre a memória.*

Diferentemente de um declarante mendaz, que se for colocado em situação de estresse ou forte demanda cognitiva poderá trair-se a si mesmo, deixando escapar indícios relacionados ao que ele verdadeiramente acredita[5], uma testemunha que cometa erros decorrentes de esquecimento ou pela distorção de suas memórias tende a manter congruência entre os diversos elementos que compõem a sua narrativa, pois, em seu íntimo, ela acredita estar relatando aquilo que verdadeiramente presenciou.

Este é um alerta importante no contexto da entrevista investigativa. Em geral, quando entrevistadores iniciantes constatam que algum aspecto do relato apresentado pela testemunha corresponde a uma eventual evidência disponível sobre o fato em apuração, eles tendem a tomar toda a sua declaração como sendo verdadeira. Do mesmo modo, quando identificam que algum ponto do relato não corresponda exatamente ao que se saiba sobre o assunto, tendem a invalidá-lo por completo, rotulando todo o relato como mentiroso.

Evidentemente, ambos os extremos são perigosos e decorrem da noção equivocada de que o relato constitua um bloco homogêneo, totalmente falso ou integralmente correto. Na maioria dos casos, principalmente nas investigações de eventos que ocorreram há mais tempo, o relato apresentado por uma testemunha sincera conterá alguns trechos que correspondem ao que foi originalmente registrado em sua memória, e outros que tenham sido distorcidos ou incorporados posteriormente. Desse modo, a mera constatação de eventuais divergências entre o relato e alguma evidência[6], disponível sobre o caso, não significará, por si só, que o declarante esteja mentindo para o entrevistador.

> **LEMBRETE:**
> EVITE OS EXTREMOS! A CREDIBILIDADE DE UM TESTEMUNHO NÃO DEVE SER CHANCELADA OU CONTESTADA APENAS EM RAZÃO DE UM ÚNICO ELEMENTO.

---

5   Referimo-nos aqui aos chamados vazamentos, que tanto podem ocorrer de forma verbal quanto não verbal.

6   Esta ressalva aplica-se tanto a evidências materiais quanto testemunhais, ou seja, eventuais divergências entre o relato de duas ou mais testemunhas não podem ser entendidas como uma prova irrefutável de que alguma delas, ou ambas, estejam mentindo para o entrevistador.

A sugestão como fator provocador de falsas memórias

Ao abordarmos esse assunto, que possui implicações diretas no contexto da entrevista investigativa, devemos inicialmente diferenciar duas situações: a distorção de uma memória original e a implantação integral de uma falsa memória, a qual se supõe que esteja relacionada ao evento em apuração.

Com relação à primeira situação (distorção de uma memória original) é importante esclarecer que, embora não seja uma regra, o momento de realização da entrevista costuma ocorrer meses ou, em alguns casos, anos após o fato que a ensejou. E não é difícil imaginarmos que o mero transcurso do tempo possa ser capaz de deteriorar a qualidade das memórias originais, tornando-as menos precisas do que eram no passado, ou mesmo alterando-as em um ou outro aspecto. Outra situação, completamente distinta da anterior, resultaria da implantação de uma nova memória, completamente desvinculada do evento que foi presenciado pela testemunha. Enquanto a primeira situação geralmente ocorre em virtude do processo de esquecimento, a segunda costuma resultar de um elemento de contaminação.

De fato, a implantação de uma falsa memória pode resultar tanto de fatores internos quanto externos à testemunha. Quando falamos em elementos de contaminação, evidentemente, estamos nos referindo aos fatores externos, os quais, em alguns casos, são provocados pelo próprio entrevistador. Nesse sentido, cabe destacar o efeito danoso que a sugestão pode desempenhar sobre alguns declarantes, levando-os a agregarem novos registros de memória às suas recordações originais. Para exemplificar, retornaremos ao caso dos jovens irmãos viajantes.

> **ATENÇÃO:**
> A IMPLANTAÇÃO DE UMA FALSA MEMÓRIA PODE RESULTAR TANTO DE FATORES INTERNOS QUANTO EXTERNOS À TESTEMUNHA.

Agora, vamos imaginar que já decorreu dez anos da data em que eles presenciaram o grave acidente. Os irmãos seguiram suas respectivas vidas por caminhos diferentes. Um deles (que na ocasião conduzia o veículo) tornou-se sacerdote, extremamente religioso e fiel aos dogmas de sua crença. O outro (o que estava no banco do passageiro) casou-se, teve três filhos e tornou-se funcionário administrativo de uma conhecida rede bancária. Enquanto o primeiro irmão, em seus sermões semanais, recorda frequentemente o episódio em que presenciou um grave acidente anos atrás, sempre atribuindo o fato de não estar entre as vítimas fatais a uma verdadeira intervenção divina, o segundo irmão simplesmente não se refere mais a esse evento, pois nesse período concentrou-se apenas em trabalhar para arcar com as despesas de casa e ainda bancar os estudos de seus três filhos. Certo dia, em um daqueles encontros de família, sua esposa e seus filhos ouvem atentos à narrativa do dia do acidente, feita fervorosamente por seu irmão, que embora estivesse apenas entre parentes, relatava os fatos em tom eclesiástico. Em seu discurso, o seu irmão se dizia convicto de que eles foram salvos pelas mãos de Deus, e que ele se recordava do exato momento em que tinham cogitado fazer o retorno (exatamente na frente da carreta que capotou ao tentar desviar de um animal na estrada), mas no último instante decidiram seguir viagem porque queriam conhecer um templo religioso que ficava alguns quilômetros mais adiante, seguindo na mesma direção... Ressaltamos que nada disso aconteceu de fato. Na versão original da história, apresentada anteriormente, os irmãos simplesmente trafegavam por uma estrada quando presenciaram o acidente, mas nunca pensaram em retornar e muito menos desejavam visitar um templo religioso.

Pois bem, alguns instantes depois, ao retornar para casa, a esposa e os três filhos solicitam ao pai (um dos jovens que presenciou o acidente no passado, mas que já não tinha muitas memórias detalhadas a respeito do acontecido) que conte novamente aquela história que foi narrada por seu irmão, durante o encontro de família. O pai, então, passa a contar-lhes exatamente o que se recorda sobre o evento, com as seguintes palavras:

> *Foi exatamente como disse o meu irmão... Algo muito estranho aconteceu aquele dia. Estávamos pensando em retornar... Eu lembro até que já havíamos sinalizado... Quem dirigia o carro era ele, eu estava no banco de passageiros... Acho, inclusive, que fui eu que disse para ele voltar... Isso... Fui eu mesmo! Aí o tio de vocês falou o seguinte: Não mano, vamos em frente... Tem um templo religioso que quero te mostrar mais adiante. E foi aí que eu ouvi... Era um caminhão, não me recordo agora do que estava carregado... Eu acho que ele levava uns animais, talvez uns cavalos no reboque. Nossa... Foi um acidente terrível. Eu não acredito nessas coisas, mas meu irmão tem razão, só pode ter sido uma intervenção divina!*

Note-se que um dos irmãos, que já não se recordava, em detalhes do acidente, ao ouvir a narrativa feita pelo outro (na qual ele agregou elementos novos que não existiam na versão original da história) passou a incorporar esses mesmos elementos em suas recordações. Trata-se, neste caso, de um claro efeito de sugestão, provavelmente potencializado pela autoridade moral atualmente exercida pela outra testemunha, que agora desempenha funções sacerdotais.

Do mesmo modo, durante uma entrevista investigativa, deve-se evitar qualquer tipo de declaração que possa provocar sugestões, ou seja, levar a testemunha a formular ideias a partir do que venha a ouvir de outras pessoas. Pois, a depender de como ela irá receber o que for dito pelo entrevistador, poderá se deixar influenciar e, inclusive, agregar novos elementos às suas antigas recordações, os quais passarão a constituir o que chamamos de falsas memórias. A melhor maneira de se evitar que isso ocorra é adotar uma postura cuidadosa, na qual o entrevistador se abstenha de dar declarações sugestivas, que possam, de algum modo, provocar o aparecimento de falsas memórias na mente da testemunha.

3. A PRINCIPAL CARACTERÍSTICA DE UMA ENTREVISTA INVESTIGATIVA

Com base no que apresentamos até o momento, já é possível estabelecer uma clara distinção entre a entrevista investigativa e outras técnicas destinadas à inquirição de testemunhas. Enquanto em todos os outros procedimentos o foco recai sobre a figura do profissional que conduz a abordagem, o qual assume papel de destaque em relação aos declarantes, na entrevista investigativa o protagonismo pertence à testemunha, para a qual são transferidos o controle e o êxito do relato. Se, por um lado, em outros contextos a interpelação é conduzida exclusivamente para atender às necessidades do investigador[7], aqui ela deve considerar as peculiaridades relativas à pessoa do declarante. Assim, antes de querer saber se a testemunha possui todas as respostas que deseja obter, o entrevistador deve se preocupar em descobrir se ela possui condições físicas e emocionais para relatar tudo o que se recorda sobre o evento.

O principal aporte científico para essa mudança de paradigma no âmbito da entrevista investigativa resultou da psicologia cognitiva[8]. Diversos estudos sobre a natureza e o funcionamento da memória e sobre estratégias aplicadas à sua recuperação, contribuíram para remodelar a estrutura geral da entrevista. Também foram feitas atualizações substanciais nas metodologias que embasam os procedimentos investigativos, visando melhorar o relacionamento interpessoal que se estabelece entre o entrevistador e a testemunha. Se, antes, vigorava a ideia de que o entrevistador deveria assumir papel de dominância, determinando arbitrariamente como a atividade seria conduzida, com a entrevista investigativa passa-se a perceber a importância de se construir uma relação saudável entre as partes. Com isso, cria-se um vínculo positivo de confiança com o declarante.

Diversos estudos realizados ao longo dos últimos anos corroboraram a efetividade da incorporação desses novos pressupostos aos diferentes

---

7   *Registre-se, contudo, que em grande parte das academias brasileiras ensinam-se técnicas consideradas obsoletas, nas quais o foco da entrevista ainda recai sobre a figura do entrevistador.*

8   *A entrevista cognitiva, um dos protocolos mais empregados na investigação criminal, recebe esse nome precisamente por ter sido desenvolvida a partir de pressupostos da psicologia cognitiva.*

métodos de entrevista investigativa. Todavia, mesmo com o resultado favorável apresentado pelas pesquisas científicas, ainda hoje percebemos que poucos são os profissionais que conhecem e aplicam, com segurança e pleno domínio, algum protocolo de entrevista investigativa. No Brasil, excetuando-se a Entrevista Forense, cujo protocolo nacional foi recentemente lançado[9], e encontra-se fundamentado em diversos estudos sobre a tomada de declarações de crianças e adolescentes vítimas de violência, a maior parte das metodologias destinadas à oitiva de testemunhas não contempla os procedimentos necessários para a realização desta atividade. A esse respeito, discorreremos mais adiante, ao longo deste livro.

Contudo, embora ainda seja pequeno o número de profissionais capacitados para a condução de entrevistas investigativas em nosso país, é inegável que a cada dia torna-se maior o seu campo de aplicação. Além da sua função precípua de ferramenta de apoio em investigações conduzidas pelas polícias judiciárias, pode-se visualizar também a sua utilização no âmbito de inspeções judiciais, na segurança institucional, em inquéritos policiais militares, nos diversos tipos de perícias, em sindicâncias e processos administrativos disciplinares, em apurações realizadas por companhias de seguro, em investigações de acidentes de trabalho etc. Todos esses exemplos (e muitos outros que poderíamos mencionar aqui) apresentam em comum o fato de que a sua elucidação, na maior parte das vezes, passa pela oitiva de testemunhas que, de algum modo, presenciaram o evento e, assim, possam colaborar para o seu esclarecimento.

---

9   *O protocolo brasileiro de entrevista forense foi publicamente apresentado em evento virtual promovido pelo Conselho Nacional de Justiça no dia 14 de julho de 2020.*

4. DIFERENTES TIPOS DE TESTEMUNHAS

É importante ressaltar que nem sempre a declaração colhida no âmbito de uma entrevista investigativa será fornecida por uma testemunha ocular. Por testemunhas oculares entendemos aquelas que, de algum modo, presenciaram o acontecimento – objeto de apuração – e que, portanto, podem prestar esclarecimentos a respeito desses eventos. Em sua atuação profissional, o entrevistador irá se deparar também com outros tipos de testemunhas que, embora não tenham presenciado o fato apurado, podem se voluntariar, ou mesmo – como ocorre em alguns casos – podem ser indicadas a prestar declarações. Nestas situações, existem duas categorias que merecem especial atenção por parte do entrevistador investigativo. São elas: as testemunhas de "canonização" e as testemunhas de "ouvir dizer".

O termo testemunha de "canonização" refere-se a um declarante cujo relato tenha for finalidade, unicamente, criar uma imagem positiva em relação a terceiros, os quais, geralmente, figuram como suspeitos em uma investigação. O entrevistador deve estar atento a esse tipo de situação, muito utilizada quando se pretende direcionar o resultado da apuração. Outro tipo de testemunha, cujo relato não agrega elementos essenciais ao esclarecimento do fato, é a chamada testemunha de "ouvir dizer". Conhecida na doutrina inglesa como hearsay testimony, a sua declaração não colabora para a elucidação do evento porque, simplesmente, ela não o presenciou. Note-se que o relato desse tipo de testemunha, geralmente resultante de memórias semânticas, limita-se a um apanhado de percepções ou opiniões de terceiros.

A identificação das testemunhas mais apropriadas para o esclarecimento de um determinado caso costuma decorrer de uma série de outras entrevistas preliminares. Essas entrevistas costumam ser mais curtas, pois são realizadas de forma sumária, e destinam-se mais a entender a dinâmica geral do acontecimento do que propriamente à elucidação dos fatos. Para ilustrar, podemos citar o caso de uma entrevista preliminar realizada com o diretor de uma repartição pública, cujo propósito seja obter os subsídios necessários à instauração de uma sindicância, destinada a apurar eventual desvio de conduta por parte de servidor. Na maioria dos casos, o diretor da repartição terá apenas informações resumidas e pouco detalhadas sobre o assunto. Contudo, o entrevistador encontrará, nessas informações preliminares, pistas essenciais para a localização das testemunhas mais indicadas ao esclarecimento do caso, ou seja, aquelas que possam fornecer relatos baseados em memórias episódicas sobre o evento. Outra importante fonte de informações, essencial para a identificação dessas testemunhas, são os processos, documentos, denúncias e demais registros sobre o fato em apuração.

Ao mencionarmos a existência dos diferentes tipos de testemunhas, convém dedicarmos algumas linhas para comentar a conduta a ser adotada pelo entrevistador nas situações que impliquem a oitiva de várias testemunhas. Nesses casos, que na realidade são bastante usuais, o entrevistador deverá ouvir inicialmente aquelas testemunhas que estejam, por assim dizer, mais afastadas do objeto central da investigação. A principal testemunha, cujo relato seja decisivo para a elucidação do fato, deverá ser ouvida por último, de tal modo que, quando chegue o momento de realizar esta entrevista, o investigador já disponha do maior volume possível de informações e, consequentemente, de um melhor entendimento sobre o caso concreto.

> SITUAÇÕES QUE IMPLIQUEM NA OITIVA DE VÁRIAS TESTEMUNHAS.

Feitas essas considerações iniciais, passaremos agora a abordar aquelas que consideramos as melhores práticas para a obtenção de testemunhos e declarações. Nessa coletânea de boas práticas, o leitor encontrará ferramentas indispensáveis ao planejamento e execução de entrevistas investigativas.

II – Uma coletânea das melhores práticas

1. PLANEJE A SUA ENTREVISTA

No preparo para uma batalha eu sempre achei que planos são inúteis, mas planejar é essencial.
Dwight D. Eisenhower

= UMA COLETÂNEA DAS MELHORES PRÁTICAS

Planejar diz respeito ao preparo para a execução de uma tarefa. Assim como em qualquer outra atividade profissional, um planejamento bem feito irá contribuir para o sucesso de uma entrevista investigativa. É sobre esse aspecto que trataremos, a partir de agora, no primeiro tema a ser abordado em nosso Guia. Além disso, apresentaremos um método simples de planejamento que possa ser empregado como ferramenta para auxiliar na realização de entrevistas investigativas.

Um bom planejamento deve contemplar toda a execução da entrevista, desde o contato inicial com a testemunha até a elaboração e entrega do relatório final, passando, evidentemente, pelo estudo profundo da situação que ensejou a entrevista. Também deve contemplar tudo que, de uma forma ou de outra, esteja envolvido no processo. Isso inclui o entrevistador e sua equipe, além de informações sobre o perfil do declarante, o ambiente da entrevista, os arredores do local da entrevista, o material que será utilizado e qualquer outro aspecto que possa ter algum impacto, positivo ou negativo, no andamento dos trabalhos. O planejamento é, muitas vezes, deixado em segundo plano (na maioria dos casos nem chega a ser realizado), principalmente por entrevistadores iniciantes, pois acreditam que já possuem experiência suficiente para resolver problemas que eventualmente enfrentarão no decorrer da entrevista. Contudo, podemos afirmar que isso é um grande erro, pois não há experiência que supere um bom planejamento.

Feita esta importante ressalva inicial, passemos a tratar do tema propriamente dito. A forma mais simples de encarar um problema é dividindo-o em partes. O ato de planejar não é diferente. Podemos dividir o planejamento em fases (antes, durante e após a entrevista) ou em tópicos, como iremos propor a seguir. Basicamente, dividiremos o "problema" em cinco aspectos essenciais: nosso pessoal, material empregado, declarante, instalações e condução da entrevista, e reservamos ainda um campo para outros aspectos que, porventura, sejam indispensáveis para o caso em questão. Trataremos de cada uma dessas partes mais adiante. Destacamos que iremos abordar a situação considerada ideal, ou o mais próximo dela. Porém, sabemos que, certamente, nem toda instituição terá condições de disponibilizar a estrutura apresentada, de forma que caberá ao leitor efetuar as adaptações que julgar necessárias para as condições relativas ao seu respectivo órgão.

Nosso pessoal

No tópico referente ao pessoal, ou seja, aos profissionais que irão participar da entrevista, devemos analisar as informações sobre o entrevistador e sua equipe. O ideal é sempre ter à disposição mais de um profissional capacitado para a realização de entrevistas. Uma equipe formada por quatro ou cinco entrevistadores treinados, por exemplo, permitiria um bom grau de heterogeneidade. Sendo possível, o quadro de pessoal deve ser composto por indivíduos mais velhos e mais novos, homens e mulheres, de diversas raças e origens. Todos esses aspectos irão contribuir para a seleção do melhor entrevistador para cada caso. O leitor entenderá a necessidade desta diversificação ao longo do Guia. Em uma situação ideal, uma equipe de entrevista poderia ser formada por: um chefe de equipe, um entrevistador principal, um entrevistador assistente, e demais auxiliares (sabemos que, em muitos casos, haverá um único entrevistador que deverá assumir as funções de todos os integrantes da equipe). As atribuições de cada um são variáveis, mas, de uma forma geral, o chefe de equipe é responsável por gerenciar todo o processo, concentrando as tarefas de planejar a execução do trabalho e confeccionar o relatório final. Os entrevistadores, tanto o principal quanto o assistente, são os responsáveis pela execução da entrevista propriamente dita e terão papel importante também na elaboração do planejamento, como veremos adiante. Os auxiliares são os demais envolvidos na atividade, ou seja, todos aqueles que de uma forma ou outra poderão ser demandados em algum momento da entrevista, como, por exemplo: motorista, garçom, operador de vídeo, técnico de som, segurança, recepcionista, faxineiro, ou qualquer profissional que exerça uma função identificada como necessária. Nesse item do planejamento devemos determinar as atribuições de forma clara, estabelecendo horários, prazos e responsabilidades. Cada atividade deverá ser verificada pelo responsável com tempo hábil para que sejam realizados os respectivos ajustes.

Material empregado

O segundo tópico do planejamento consiste em identificar o material empregado necessário para a entrevista. Deve-se pensar em todos os aspectos, desde uma poltrona até o ar-condicionado da sala, passando pelo café, água, motorista e combustível para o veículo que conduzirá a testemunha, caso seja necessário auxiliar em seu transporte. O material deve ser todo reunido e testado antes do início da entrevista, com tempo hábil para substituições ou eventuais adaptações. É possível que o leitor pense agora: mas, a sala de entrevista já está pronta, eu sou o único que utiliza esse espaço e a poltrona certamente estará lá. Sinceramente, não conte com isso. Verifique o ambiente com antecedência, pois no dia da entrevista pode estar ocorrendo uma reunião de diretoria, e é possível que algum supervisor tenha ordenado a retirada da poltrona que estaria em sua sala (já vimos isso acontecer em entrevistas na vida real). É preciso estar atento aos menores detalhes: o controle do ar-condicionado, o guardanapo, lenço de papel, lápis e caderno de anotações, caso a testemunha necessite escrever ou desenhar algo durante a sua declaração. Infelizmente, por falta de planejamento, o entrevistador inexperiente nem sempre terá a iniciativa de separar o material necessário, pensando que outros o farão. Não é uma tarefa difícil, basta que o leitor imagine a entrevista acontecendo, faça uma tempestade de ideias com seus colegas, anote os materiais que for lembrando e, ao final, insira a lista no formulário de planejamento.

Perfil do Declarante

Nenhum dos itens do planejamento é dispensável, mas, se não houver tempo para levantar todos, dedique-se especialmente a este. Não inicie uma entrevista "no escuro". Imagine que esteja se preparando para uma entrevista com uma testemunha chamada Joana, uma faxineira que trabalha no período noturno, a quem você não conheça pessoalmente. Naturalmente, de acordo com nossas heurísticas, criaremos uma imagem sobre Joana. Imagine agora que uma mulher com 1,90 de altura, e perfil de lutadora de jiu-jitsu entre na sala de entrevista e se apresente a você como Joana. A sua reação certamente causaria impacto em Joana, e talvez comprometesse o êxito da entrevista. Toda e qualquer informação sobre o perfil e as características pessoais do declarante será útil. Deve-se aprofundar ao máximo a pesquisa sobre a testemunha, utilizando-se para isso de todos os recursos disponíveis. Pode-se, por exemplo, solicitar ao setor de pessoal algumas informações sobre a pessoa que será entrevistada. É possível pesquisar dados disponíveis em mídias sociais e também conversar com outros funcionários que trabalhem, ou já tenham trabalhado, no mesmo setor que a testemunha, com o objetivo de conhecer mais a seu respeito. Uma senhora idosa que tenha presenciado um homicídio em seu local de trabalho, por exemplo, poderá se emocionar mais ao narrar o que se recorde sobre a forma como esse fato aconteceu. O mesmo poderia ser dito sobre um pai religioso que precisasse testemunhar sobre a demissão do próprio filho, um servidor lotado no mesmo órgão em que ele trabalha, em razão de seu envolvimento em uma rede de pornografia infantil. Talvez essas observações pareçam exageradas ao leitor que esteja iniciando na atividade de entrevistador investigativo. Contudo, insistimos no fato de que elas podem fazer toda a diferença para o sucesso da entrevista. O importante agora é destacar a necessidade de se conhecer o perfil do futuro declarante.

Instalações

O quarto aspecto a ser levantado no planejamento diz respeito às instalações, ao espaço físico no qual será realizada a atividade. O ideal é que exista uma sala destinada especificamente à realização de entrevistas. Contudo, sabemos que esta não é a realidade de muitos órgãos. Caso não exista um local apropriado, especialmente preparado para essa função, deve-se utilizar um ambiente que tenha um bom isolamento acústico, que seja acessível e ao mesmo tempo reservado, de forma que não haja grande circulação de pessoas. Pode ser um cômodo pequeno, contanto que acomode confortavelmente todas as pessoas, ou mesmo um espaço maior, desde que seja acolhedor. Deve possuir banheiros acessíveis nas proximidades e, se possível, uma antessala ou local de espera que possa servir de apoio. Enfim, a sala de entrevista deve ser confortável e proporcionar a tranquilidade necessária para a condução da atividade. Além destes cuidados com a ambientação física, deve-se pensar em como o entrevistado chegará ao local da oitiva. Ele trabalha no mesmo órgão onde será ouvido? Caso não trabalhe, ele irá com seu veículo particular? Existe estacionamento disponível no horário agendado para a entrevista? Haverá uma vaga reservada para ele? Entendemos que, em determinados casos, a depender do perfil da pessoa que será entrevistada (uma testemunha que tenha dificuldades de locomoção, por exemplo), pode ser necessário disponibilizar meios adequados para o seu deslocamento no dia da entrevista.

Condução da entrevista

O próximo tópico do planejamento deve conter os aspectos relacionados à entrevista em si. O ideal é pensar nas atividades em sequência, ou seja: antes, durante e depois da entrevista. A primeira etapa são os preparativos iniciais, momento de cuidar e tomar nota de detalhes como, por exemplo, quem fará o contato para agendar o horário da entrevista, como a testemunha chegará ao local e quem a receberá. A seguir, o foco deve ser na condução da entrevista. O ideal é que essa parte do planejamento seja feita pelos próprios entrevistadores. Devem ser elencados os assuntos que poderão ser abordados no contato inicial com a testemunha, a participação de cada um dos entrevistadores (caso haja mais de um) e a respectiva função que irá desempenhar na entrevista. Elaborar a lista de perguntas e definir a estratégia de questionamento que será adotada. Nesse item também deverão ser previstas táticas para superar reações inusitadas por parte do declarante, tais como medo de prestar declarações, por exemplo.

Outros aspectos

O último tópico do planejamento é reservado para outros aspectos que não foram abordados nos itens anteriores. São questões relevantes que dizem respeito ao caso em questão. Neste item é possível estabelecer, as medidas a serem tomadas em casos de emergência médica, de acordo com o perfil da testemunha. Pode-se prever uma ambulância caso a entrevista seja com uma senhora que esteja no oitavo mês de gestação, ou com um senhor cardíaco de oitenta anos. Outro fato a ser considerado é a eventual necessidade de cuidadores e de um ambiente adequado para os filhos de uma testemunha que não possa comparecer sem levá-los ao local da entrevista. Esse tópico conterá os itens específicos para cada entrevista, levando em considerão suas peculiaridades. Recomenda-se a inclusão de um cronograma estipulando prazos e designando os responsáveis por atividades importantes, como, por exemplo, contato inicial com o declarante, reuniões, limpeza da sala, recepção, relatórios etc

O ideal é que o planejamento seja efetivamente formalizado. Caso não haja tempo para isso, ao menos os aspectos principais devem ser anotados de forma a subsidiar a elaboração do Relatório de Entrevista ao final da atividade. Uma vez formalizado, o responsável por esta etapa deverá reunir todos os possíveis envolvidos e explicar suas funções. A partir desse momento, o chefe da equipe (ou aquele que ficar responsável por essa função) passará a fiscalizar a execução das tarefas individuais, até que todo o processo seja concluído.

Um bom planejamento não evitará que situações inesperadas aconteçam durante uma entrevista, mas certamente deixará toda a equipe preparada para reagir da melhor maneira a qualquer uma dessas situações, uma vez que todos já estão cientes das eventualidades que podem surgir. A frase "um planejamento não resiste ao primeiro tiro" é atribuída a vários militares e possui várias versões parecidas. Ela retrata com precisão a finalidade de um planejamento: não se trata de evitar problemas, mas de se preparar para lidar com eles. Ao planejar, podemos visualizar situações que possam nos tirar o controle das ações e identificar formas adequadas para lidar com elas.

Feitas as considerações sobre os itens do planejamento, apresentamos, a seguir, para conhecimento do leitor, o modelo adotado pela equipe de entrevistadores do Instituto Brasileiro de Análise de Veracidade para a formalização do Plano de Entrevista.

> **LEMBRETE:**
> UM PLANEJAMENTO FORMAL É O RECOMENDADO. ELE NÃO EVITARÁ O INESPERADO, MAS DEIXARÁ A EQUIPE PREPARADA PARA REAGIR DA MELHOR MANEIRA NESSAS SITUAÇÕES.

MODELO PLANO DE ENTREVISTA

PLANO DE ENTREVISTA Nº ____	
Data:	Responsável:
DADOS DA ENTREVISTA	
Data:	Hora:	Local:
Referências:	
Declarante:	
Resumo:	
NOSSO PESSOAL	
Chefe da Equipe:	
Entrevistador Principal:	
Entrevistador Assistente:	
Outros Envolvidos:	
MATERIAL	
PERFIL DO DECLARANTE	

INSTALAÇÕES
CROQUI DO DISPOSITIVO INTERNO
CONDUÇÃO DA ENTREVISTA
OUTROS ASPECTOS

QRCODE:
Acesse o formulário online, exclusivo para o leitor.

2. FIQUE ATENTO ÀS SUAS ATRIBUIÇÕES

Nossa verdadeira obrigação é sempre encontrada indo em direção aos nossos mais dignos desejos.
Randolph Bourne

Como qualquer outro profissional, o entrevistador investigativo possui atribuições que lhe são peculiares e que, de certa maneira, caracterizam e definem a atividade por ele desempenhada. A seguir, assinalamos as principais atribuições do entrevistador investigativo:

Auxiliar o declarante a recordar o que presenciou

Conforme destacam Fisher e Geiselman (1992), antes mesmo de iniciar o seu relato, a testemunha deve ser orientada a recriar mentalmente os estados cognitivos e emocionais que existiam no momento do evento que será narrado. Esse procedimento[10], descrito pelos autores como fundamental para que a testemunha consiga se recordar da maior quantidade possível de detalhes sobre os fatos que por ela foram presenciados, é essencial para o êxito da entrevista investigativa. Importante recordar, mais uma vez, que a nossa memória não funciona da mesma maneira que uma filmadora, que a qualquer momento permite a reprodução integral daquilo que foi previamente gravado. Registros de memória, por outro lado, podem sofrer perdas e distorções, e até mesmo tornarem-se inacessíveis por diferentes motivos. Em razão disso, o entrevistador deve adotar uma série de cuidados em relação à tomada das declarações. O primeiro, e talvez mais importante de todos, consiste em evitar a contaminação das memórias da testemunha[11], o que pode ocorrer, dentre outros motivos, em razão de perguntas formuladas de modo inadequado ou inoportuno. Nesse sentido, cabe ao entrevistador proporcionar um ambiente tranquilo e seguro, no qual a testemunha possa prestar o relato dos fatos presenciados sem a distração de fatores

---

10 *Trata-se aqui da Recriação Mental do Contexto, a qual será abordada em detalhes em capítulo específico.*
11 *Diversos procedimentos para evitar a contaminação das memórias serão apresentados ao longo deste Guia.*

externos, que comprometam a qualidade de sua declaração. Ademais, o entrevistador deve dominar algumas estratégias para a recuperação de memórias, de modo a poder orientar o declarante, caso ele necessite de ajuda para recordar-se de algum elemento específico em seu relato. Dentre as principais técnicas utilizadas com essa finalidade, destacam-se a recriação mental do contexto, que se caracteriza por evocar estados cognitivos e emocionais associados ao fato em apuração, o relato em ordem diversa, que consiste em solicitar ao declarante que efetue a descrição dos fatos em uma sequência diferente da que tenha sido originalmente narrada por ele, e a mudança de perspectiva, que consiste em solicitar à testemunha que relate o que teria visto se observasse o evento por uma perspectiva diferente. Embora a primeira delas (recriação mental do contexto) também costume ser utilizada antes que o declarante inicie o seu relato, todas as três podem ser aplicadas com o propósito de auxiliar o declarante a recuperar memórias relacionadas ao evento em questão[12].

Ajudar o declarante a relatar os acontecimentos

Embora as memórias sejam, por assim dizer, a matéria-prima da declaração, não há dúvida de que o testemunho se consolida com o relato. E é precisamente esse aspecto que caracteriza outra atribuição principal do entrevistador investigativo. De fato, de nada adiantaria ajudar a testemunha a recordar-se dos acontecimentos presenciados, se o entrevistador não fosse capaz de deixá-la tranquila e confiante para narrá-los. Em outro tema abordaremos, em maior profundidade, algumas técnicas que auxiliarão o leitor a identificar situações em que a testemunha demonstre medo de fazer o relato, e algumas orientações sobre como proceder nesses casos. Por hora, cabe salientar que é função do entrevistador informar ao declarante de que o êxito da entrevista depende da qualidade e precisão das informações que serão prestadas por ele, e que terá todo o tempo que precisar para responder ao que lhe for perguntado. O entrevistador não deve, jamais, passar ao entrevistado a impressão de que tenha muito trabalho a executar e de que aquela entrevista, de algum modo, poderá dificultar o andamento da sua rotina. A testemunha deve sentir-se à vontade, confortável, segura e confiante para prestar o seu relato. E a atribuição de fazer com que ela

---

12   Mais adiante essas estratégias serão apresentadas em detalhes.

sinta esse bem-estar cabe, exclusivamente, ao entrevistador. Por óbvio, ajudar a testemunha a relatar os fatos presenciados não significa, em hipótese alguma, colocar palavras em sua boca. Muito pelo contrário... O entrevistador investigativo não deve, sob pretexto algum, completar frases, sugerir palavras ou tentar, por iniciativa própria, exemplificar os fatos narrados pela testemunha. Conforme assinalado por Loftus (1975) esse tipo de conduta provocaria alto risco de contaminação da entrevista. Uma curiosidade sobre o relato é que algumas pessoas apresentam maior facilidade de se expressar por desenhos do que oralmente. Embora o relato oral forneça mais elementos para uma avaliação posterior, tendo em vista que o seu conteúdo é acompanhado por uma série de outros aspectos, tais como a entonação, a intensidade da voz e a velocidade da fala, a representação gráfica pode ser uma alternativa viável nos casos em que a testemunha tenha dificuldades em descrever, por exemplo, o local em que tenha ocorrido um crime de abuso sexual. Nessas situações, solicitar a ela que desenhe em uma folha de papel, ou que aponte esse local em um mapa ou croqui, pode facilitar imensamente o seu relato.

Registrar adequadamente a declaração

O terceiro aspecto, que também constitui uma das principais atribuições do entrevistador investigativo, é a capacidade de registrar adequadamente os acontecimentos narrados. O registro adequado, além de evitar a repetição desnecessária de entrevistas que, como veremos mais adiante, pode comprometer a qualidade do relato prestado pela testemunha, também impede que ocorra a chamada revitimização, principalmente nos casos em que a vítima descreva um ato de abuso ou violência sexual. Note-se que a coleta de dados pode ser feita de diversas formas: por escrito, por gravação apenas do áudio ou pela gravação audiovisual da entrevista. Embora o formato audiovisual seja o mais recomendável para que se faça uma análise posterior da declaração, tendo em vista que permite avaliar diversas nuances, características que passam despercebidas no caso de depoimento por escrito, transcrito na hora em que o declarante efetua o seu relato, em casos específicos, como em uma entrevista realizada por telefone, por exemplo, apenas o registro de áudio poderá ser realizado. Ressalte-se, ainda, que o registro do testemunho via áudio ou audiovisual não substitui, como podem pensar algumas pessoas, o termo de declaração por escrito. Recomendamos que a sua leitura seja realizada, ao encerramento da entrevista, com a finalidade específica de conceder à testemunha mais uma oportunidade para fazer correções ou até mesmo recordar-se de outros elementos que ainda não tenham sido mencionados em seu relato. Ressalva interessante quanto ao registro da entrevista é feita por Zulawski e Wicklander (2001). Os autores recomendam que, logo ao final da declaração, os entrevistadores preencham um breve formulário, no qual sejam anotados fatos importantes que tenham ocorrido durante o relato, mas que não necessariamente façam parte do seu conteúdo[13]. Por fim, considerando-se a importância de um registro eficaz para que se possa evitar a realização desnecessária de novas entrevistas, recomenda-se aplicar a duplicidade dos meios de gravação, ou seja, que se utilizem ao menos dois mecanismos independentes, os quais devem funcionar de maneira isolada. Desse modo, o entrevistador garantirá o registro do relato, mesmo com a eventual falha de um dos equipamentos.

Em síntese, essas são as atribuições essenciais que um entrevistador investigativo não pode deixar de assumir: auxiliar a testemunha a recuperar suas memórias, ajudá-la a relatar aquilo que se recorde e registrar adequadamente tudo o que for relatado.

> **LEMBRETE:**
> O ENTREVISTADOR INVESTIGATIVO NÃO DEVE, SOB PRETEXTO ALGUM, COMPLETAR FRASES, SUGERIR PALAVRAS OU TENTAR, POR INICIATIVA PRÓPRIA, EXEMPLIFICAR OS FATOS NARRADOS PELA TESTEMUNHA.

---

[13] Pode-se citar, como exemplo, o silêncio de uma testemunha no exato momento em que um determinado assunto foi introduzido em seu relato.

3. APRENDA A ESCUTAR A TESTEMUNHA

O essencial é invisível aos olhos.
Antoine de Saint-Exupéry

Algumas pessoas, influenciadas, talvez, pela postura de conhecidos entrevistadores de auditório, os quais não apenas falam mais que os próprios entrevistados como também os interrompem durante as suas respostas, acabam por formar uma imagem completamente distorcida sobre o papel do entrevistador investigativo. Por mais paradoxal que isso possa parecer, pode-se afirmar que o melhor entrevistador é aquele que menos fala em uma entrevista. É sobre essa especial habilidade do entrevistador investigativo, de saber escutar em silêncio e com plena atenção a tudo o que a testemunha diz, que trataremos agora.

Se pensarmos no objetivo de uma entrevista investigativa, que é realizada para a obtenção de dados destinados à elucidação de um fato específico, não é difícil concordar com o que afirmamos no parágrafo anterior. Evidentemente, quem detém as informações sobre a situação que está sendo apurada é a testemunha, e não o entrevistador. Em razão disso, é ele (o declarante) que deve assumir o protagonismo da entrevista e fornecer o relato mais extenso e acurado possível, a fim de que o fato seja esclarecido.

Os principais fatores que levam um entrevistador a querer falar mais que a testemunha, em uma entrevista, são a vaidade, a falta de preparo e o nervosismo.

Quanto à vaidade de querer aparecer mais que a testemunha, não há muito o que possamos dizer além de que uma pessoa com essas características não tem o perfil desejado para atuar como entrevistador, pelo menos no contexto investigativo, no qual quem sempre deve "brilhar" é o declarante. De fato, nada impede que um indivíduo com esse traço de personalidade se destaque em outras áreas de atuação e, em última análise, cabe ao responsável pela composição da equipe evitar que pessoas com essa característica comportamental assuma a importante responsabilidade de conduzir uma entrevista investigativa.

Quanto à falta de preparo, deve-se assinalar que ela resulta de uma quase absoluta inexistência de treinamentos adequados nas principais academias e escolas dedicadas ao ensino das técnicas de entrevista no Brasil. Os métodos ensinados, nestes centros de ensino, levam seus alunos a acreditarem que o entrevistador deve controlar toda a entrevista e, até mesmo – pasme – direcionar as respostas que são fornecidas pelo declarante. Com efeito, esse é um dos erros mais graves que podem ser cometidos no contexto de uma entrevista investigativa. Note-se que tal postura contraria o modelo de coleta de dados que se busca em uma entrevista investigativa, pois fere um dos seus principais objetivos, que é a obtenção do relato mais acurado possível. Em outras palavras, o que se busca em uma entrevista investigativa é uma declaração com o maior grau de fidelidade em relação àquilo que o entrevistado realmente se recorde sobre os fatos que foram por ele presenciados.

O nervosismo, por outro lado, resulta da falta de experiência e da insegurança que frequentemente assolam aos entrevistadores iniciantes. A entrevista investigativa, para que seja bem sucedida, exige do profissional que a executa um relativo grau de expertise, autocontrole e domínio das próprias emoções. O entrevistador inexperiente tende a ficar ansioso diante de determinadas situações, como, por exemplo, o silêncio ou a recusa do entrevistado em falar sobre um determinado assunto. No momento em que é confrontado pelas suas próprias limitações, principalmente para tentar diminuir a ansiedade, o profissional com pouca experiência tende a se precipitar e a falar de forma ininterrupta e incontrolável. Se isso acontecer, a entrevista estará perdida. A melhor forma de evitar que isso aconteça é buscar, antecipadamente, adquirir prática no assunto. Treinamentos constantes e a participação em entrevistas reais, ainda que inicialmente na condição de ouvinte ou como assistente do entrevistador principal, permitirão que o profissional, com o tempo, aprenda a controlar a sua própria ansiedade, e passe a ter certa vantagem nos embates silenciosos que porventura se estabeleçam entre ele e a testemunha.

Ressalte-se, contudo, que nem toda pausa feita pelo declarante durante a realização do seu relato deve ser interpretada como um embate. Alguns assuntos podem evocar atitudes introspectivas por parte do entrevistado e, além disso, a recordação de fatos ocorridos há mais tempo tende a demandar maior esforço cognitivo. Desse modo, é perfeitamente natural que, tanto em um caso quanto em outro, o declarante realize pausas e tenha momentos de silêncio no decorrer do seu relato. Cabe ao entrevistador investigativo entender e respeitar essas situações que acontecem durante a tomada das declarações.

Obviamente, saber escutar não se resume apenas a ficar em silêncio e não interromper o relato do declarante. É preciso estimulá-lo a falar... A isso chamamos "escuta ativa". Para desempenhá-la com sucesso, o entrevistador deve estar realmente atento e interessado em tudo o que a testemunha diz. Quando o entrevistador, de forma presunçosa, imagina que sabe onde o declarante pretende chegar com a sua linha de raciocínio, ele deixa de ter o necessário e desejável interesse no relato que está sendo prestado. As palavras ditas pelo entrevistado (o material mais valioso em uma entrevista investigativa) perdem-se no ar. O entrevistador não as ouve porque não tem mais interesse por elas. O bom profissional, contudo, não age dessa maneira. Ele permanece atento, durante toda a entrevista, e demonstra constantemente o seu interesse pelo relato, interagindo tanto de forma verbal (utilizando-se de pequenas intervenções para assinalar que compreende o que está sendo dito, sem que, para isso, precise interromper a sequência da declaração), quanto de maneira não verbal (por exemplo, assentindo afirmativamente com a cabeça para indicar que está acompanhando tudo o que é relatado).

Registre-se ainda que nem sempre o impulso de interromper o relato do declarante surge da insegurança e do nervosismo de um entrevistador inexperiente, que não consegue controlar a sua ansiedade. De fato, em muitos casos, ao ouvir o que o entrevistado tem a dizer, o entrevistador se depara com situações confusas, de difícil entendimento, e até mesmo contraditórias. Contudo, mesmo nestes casos, conforme orientam FISHER; GEISELMAN (1992)[14], o entrevistador deve controlar-se e evitar, a todo custo, a interrupção do relato que esteja sendo prestado. O ideal é que, para não correr o risco de esquecer o trecho que lhe gerou alguma dúvida ou confusão, tenha ao alcance de suas mãos uma caneta e um pequeno bloco de papel, de modo que possa rapidamente anotar algum ponto da declaração que precise ser esclarecido depois. Esse esclarecimento, todavia, somente será realizado após o momento em que o entrevistado tenha finalizado o seu relato.

> **LEMBRETE:**
> *EM UMA **ENTREVISTA INVESTIGATIVA** O PROTAGONISMO PERTENCE AO DECLARANTE.*

---

[14] *Os autores ressaltam a importância de não se interromper o relato da testemunha, mesmo diante de eventuais contradições, as quais devem ser esclarecidas oportunamente, durante a fase dos questionamentos.*

4. EVITE CONTAMINAR A ENTREVISTA

> *Às vezes as coisas são tão belas que, se dissermos algo, corremos o risco de estragá-las.*
> Frederico Moccia

Existem duas situações que podem interferir no relato prestado em uma entrevista investigativa: a primeira, que abrange as chamadas variáveis estimadoras, tem relação com as características da própria testemunha, e com o fato que seja objeto da apuração, e compreende tudo aquilo que não pode ser controlado pelo entrevistador. A segunda, que engloba as variáveis do sistema, refere-se aos aspectos que, embora possam ser controlados pelo entrevistador, se não forem devidamente observados também podem resultar na contaminação do relato.

Dentre os aspectos que fazem parte desse segundo grupo (as variáveis do sistema), destaca-se a devida preservação das memórias da testemunha. Conforme já comentamos anteriormente, a nossa memória não funciona como uma filmadora, que a cada vez que é acionada permite a reprodução idêntica e integral dos eventos que foram previamente registrados. Ao contrário, o processo que ocorre quando recordamos um evento, assemelha-se mais a uma reconstrução do que propriamente a uma reprodução. Ou seja, a evocação de uma lembrança implica na recuperação de uma série de registros, os quais não necessariamente serão integrados da mesma maneira que o foram em outras ocasiões. O resultado desse processo é que a nova recordação poderá conter falhas, lacunas, distorções e, até mesmo, agregar novos registros (falsos ou verdadeiros) que não fizeram parte de sua composição original.

Tamanha é a importância da preservação das memórias das testemunhas contra eventuais fatores de contaminação, que se costuma fazer uma analogia entre elas e a cena de um crime. Todo investigador sabe que é fundamental, para a elucidação de um delito, que se preserve o local onde ele ocorreu. Desse modo, pessoas não autorizadas são proibidas de acessar o ambiente onde ocorreu o crime, pois podem contaminá-lo, por exemplo, com pegadas, fios de cabelo ou impressões digitais que originalmente não estavam naquele local. Do mesmo modo, o entrevistador investigativo deve esforçar-se para preservar as memórias do declarante, evitando que elas sejam contaminadas com elementos estranhos aos que foram originalmente percebidos pela testemunha.

Esta deve ser a postura do entrevistador que atua no contexto investigativo: empenhar-se para preservar as memórias originais que o declarante tenha sobre o fato em apuração, tendo em vista que a contaminação de suas memórias poderia comprometer significativamente a qualidade do relato que ele irá prestar. Nesse sentido, Loftus e Palmer (1974) alertam para o fato de que as informações que chegam à testemunha após o evento vivenciado podem alterar substancialmente o conteúdo de sua declaração. Dessa constatação, resulta um conselho importante aos entrevistadores investigativos: muito cuidado no momento de formularem as suas perguntas, pois uma palavra mal escolhida pode ser suficiente para induzir determinados tipos de respostas.

Embora a afirmação apresentada acima possa parecer exagerada em uma primeira leitura, diversas pesquisas científicas respaldam a necessidade de se escolher adequadamente a forma como um determinado assunto será abordado em uma entrevista investigativa. Em um dos experimentos mais conhecidos, conduzido pela Dr.ª Elizabeth Loftus[15], os participantes assistiram a um vídeo que exibia imagens de um acidente de carro. Posteriormente, esses participantes foram divididos em grupos e entrevistados separadamente. A pergunta feita aos integrantes dos diferentes grupos foi essencialmente a mesma: A que velocidade estava o carro quando colidiu com o outro veículo? Contudo, em cada um dos grupos utilizou-se um verbo diferente para a formulação da pergunta: encostar, esbarrar, colidir, chocar, esmagar[16]... Os resultados da pesquisa sugeriram que, conforme se alterasse o verbo utilizado na pergunta (com maior ou menor conotação de gravidade), as velocidades indicadas pelos participantes em suas respostas também se alteravam. Assim, os integrantes do grupo cuja pergunta utilizava o verbo esmagar, por exemplo, tendiam a indicar em suas respostas velocidades bem superiores às que foram apontadas pelos componentes do grupo cujas

---

15 *Pesquisadora norte-americana especializada em estudos sobre a memória. Publicou estudos demonstrando a influência da formulação de perguntas sobre o relato fornecido por testemunhas oculares.*

16 *No experimento original, as perguntas foram formuladas com os seguintes verbos: smashed, collided, bumped, hit e contacted.*

perguntas foram formuladas com o verbo encostar, apenas para citar um exemplo. Esse experimento demonstrou que as palavras utilizadas pelo entrevistador na elaboração de suas perguntas podem influenciar nas respostas que serão fornecidas pelas testemunhas que presenciaram o evento.

Deve-se observar, todavia, que a contaminação do relato não acontece apenas no momento da formulação das perguntas. Duas ou mais testemunhas que conversem entre si, em uma sala de espera, enquanto aguardam o momento em que o entrevistador irá chamá-las para prestar as suas respectivas declarações, podem muito bem contaminarem-se mutuamente, deixando-se influenciar por lembranças e impressões que não sejam originariamente suas. De fato, até mesmo reportagens veiculadas sobre o assunto que se pretende abordar durante a entrevista investigativa podem provocar – como de fato provocam – a contaminação do relato que será apresentado pelo declarante. Embora não seja algo simples evitar que um assunto de grande repercussão seja explorado pela mídia, é perfeitamente possível para o entrevistador efetuar o isolamento adequado das testemunhas antes de uma entrevista. Esta tarefa é feita solicitando a elas que aguardem em ambientes separados ou mesmo que compareçam em horários diferenciados para prestarem as suas respectivas declarações. Esse cuidado, que tem por objetivo final evitar a contaminação do relato, deve fazer parte não apenas do planejamento, mas também da rotina de trabalho do entrevistador investigativo.

Deve-se ter sempre em mente que um dos principais objetivos da entrevista investigativa consiste na obtenção do relato mais acurado possível. Em razão disso, perguntas sugestivas ou tendenciosas, que se destinem unicamente a induzir o declarante a fornecer um determinado tipo de resposta, são entendidas aqui como elementos de contaminação, pois configuram uma interferência indevida e inaceitável no relato prestado pela testemunha.

> **LEMBRETE:**
> **POSTURA DO ENTREVISTADOR INVESTIGATIVO:**
> *EMPENHAR-SE PARA PRESERVAR AS MEMÓRIAS ORIGINAIS QUE O DECLARANTE TENHA SOBRE O FATO EM APURAÇÃO, EVITANDO A CONTAMINAÇÃO QUE PODERIA COMPROMETER SIGNIFICATIVAMENTE A QUALIDADE DO SEU RELATO.*

5. PROCURE APRIMORAR SUA TÉCNICA

> *Há três métodos para ganhar sabedoria: primeiro, por reflexão, que é o mais nobre; segundo, por imitação, que é o mais fácil; e terceiro, por experiência, que é o mais amargo.*
> Confúcio

Sempre que ministramos aulas sobre o assunto, os alunos nos perguntam como um entrevistador pode aperfeiçoar a sua técnica. Em que pese o aprimoramento técnico do entrevistador seja um processo constante, que requeira muita dedicação, podemos citar, parafraseando Confúcio, três formas pelas quais um profissional pode melhorar a sua técnica na execução de entrevistas investigativas: a reflexão, a imitação e a experiência.

Inicialmente, trataremos da reflexão. Nesse sentido, considera-se imprescindível que o entrevistador participe de cursos de formação e especialização nos diferentes protocolos de entrevista investigativa. Além disso, é fundamental que ele crie a rotina de consultar livros e artigos científicos, tanto sobre o tema quanto sobre assuntos relacionados, tais como: psicologia, neurociência e comunicação. O hábito do estudo agregará conhecimentos importantes que permitirão ao entrevistador abordar e interpretar adequadamente as diferentes situações do seu cotidiano profissional.

Além de cursos, livros e artigos científicos, também podemos incluir como meios de aquisição de conhecimento para o entrevistador, um conjunto de séries e documentários que abordam casos reais em que foram realizadas entrevistas investigativas. No entanto, cabe fazermos aqui um alerta importante... Mesmo que sejam inspiradas em fatos reais, todas as produções televisivas apresentam como principal motivação a obtenção do lucro. Assim, não é raro que uma determinada técnica seja supervalorizada ou mesmo excessivamente depreciada para que a história se torne mais atrativa aos espectadores. Tais séries e documentários são uma fonte válida de pesquisa, principalmente para o entrevistador iniciante, mas é fundamental saber separar o que é científico daquilo que não passa de mero entretenimento.

Uma segunda forma de se aprimoramento seria por imitação. Aqui nos referimos à observação seguida de imitação. Não é adequado que um profissional atue, já em sua primeira experiência, como o entrevistador principal. Se for possível, ele deve primeiro acompanhar e aprender com outros entrevistadores mais experientes. Inicialmente, apenas como observador (se for possível através de uma sala espelho). A seguir, ele pode compor a equipe de entrevistadores, participando desde o planejamento até a elaboração do relatório final. Aos poucos ele pode assumir funções de maior relevância na entrevista, iniciando com uma presença discreta em um canto da sala, sem interpelar o entrevistado, e passando depois para uma atuação mais ativa, até chegar ao ponto de ser o entrevistador principal.

Paulatinamente, o profissional terá oportunidades para observar e imitar as atitudes, comportamentos e palavras de seus colegas mais experientes. Como assistente de um entrevistador principal, ele pode permanecer na sala durante toda a execução da entrevista, auxiliando, por exemplo, a preparar o termo de declaração. A tendência natural é que, quanto maior for o período de aprendizado por imitação, menores também serão os erros cometidos na execução posterior de entrevistas que ocorram sob a sua responsabilidade.

A terceira forma de aprimoramento resulta da experiência. Como disse o mestre Confúcio, trata-se da "forma mais amarga", pois aprendemos com nossos próprios erros e acertos. Cabe ao bom profissional ter a humildade de enxergar as suas falhas, reconhecê-las como deficiências pessoais, e buscar o aperfeiçoamento nesses aspectos específicos. Obviamente, não se aprende apenas com os equívocos. Os êxitos também devem ser valorizados, pois são parte da experiência profissional e podem ser implementados em entrevistas futuras.

Identificados eventuais erros na condução de uma entrevista, o profissional deverá voltar à primeira forma de aprendizado: reflexão. Neste momento, é preciso pesquisar sobre o erro cometido e sobre as formas de mitigá-lo. Se for possível, é recomendável recorrer também à segunda forma, ou seja, à imitação, e observar como entrevistadores mais experientes fazem para evitar que essa mesma situação aconteça.

Um recurso interessante para avaliar eventuais erros que estejamos cometendo é realizar a nossa própria filmagem durante a entrevista. A análise posterior das imagens nos permite identificar os momentos em que tenhamos adotado comportamentos inadequados ou inconvenientes.

Percebe-se que existe um ciclo, através do qual o profissional pode se aperfeiçoar em um processo constante de formação como entrevistador investigativo. Iniciamos com estudos e reflexões, passamos pela imitação e avançamos com a prática. Esta última, via de regra, nos permite identificar dificuldades que irão gerar outros estudos, dando início a um novo estágio.

> **CUIDADO:**
> MESMO UM BOM ENTREVISTADOR NUNCA ESTARÁ LIVRE DE COMETER ERROS EM ENTREVISTAS. CADA EXPERIÊNCIA É UMA OPORTUNIDADE ÚNICA PARA NOVOS APRENDIZADOS.

6. SAIBA ESCOLHER O MELHOR ENTREVISTADOR

Um indivíduo é uma multidão de 1 milhão dividida por 1 milhão.
Arthur Koestler

Não existem duas pessoas iguais. As interações entre os indivíduos serão, sempre, muito variadas, pois dependem do contexto em que a dinâmica social de cada grupo se estabelece. Quando se planeja uma entrevista investigativa deve-se procurar encontrar um entrevistador que possua características capazes de potencializar a técnica empregada e não de prejudicar a sua aplicação. Essa escolha deve levar em consideração vários aspectos, tais como o tema que norteia o fato em apuração e os perfis da testemunha e do entrevistador. Apesar de estarem intimamente ligados, abordaremos esses aspectos separadamente.

Em relação ao tema, dois fatores devem ser considerados. O primeiro é a importância para a instituição. Apesar de não ser uma condição indispensável, é importante, na medida do possível, direcionar mais esforços e profissionais com expressiva experiência para os assuntos que sejam mais relevantes para a instituição. Não com o intuito de atender a eventuais anseios da chefia, mas no sentido de que, normalmente, o que é mais relevante para a instituição terá mais consequências desagradáveis caso seja mal executado.

O segundo é a sensibilidade do tema. Por sensibilidade entendemos o quão significativos podem ser os desdobramentos de uma entrevista. Quanto mais sensível ela for, mais experiente deve ser o entrevistador. Um profissional mais experiente normalmente conseguirá manter a testemunha mais calma e confortável para narrar os acontecimentos que ela tenha presenciado, e isso tende a resultar na obtenção do relato mais acurado possível.

No que diz respeito à testemunha, devem ser levados em consideração os seguintes aspectos: sexo, idade, cor, nível social e qualquer outra condição que possa contribuir ou prejudicar uma aproximação mais efetiva por parte do entrevistador. Qualquer informação relevante sobre quem vai relatar os fatos poderá auxiliar para que a seleção do entrevistador seja a mais adequada possível.

Normalmente, mulheres tendem a se abrir mais sobre assuntos que envolvam a sua intimidade com outras mulheres. Esse fator deve ser levado em conta, por exemplo, durante a apuração de um crime sexual. De forma similar, a idade da testemunha pode influenciar na percepção de credibilidade que ela terá do entrevistador. Desse modo, um senhor de setenta anos de idade pode sentir-se desconfiado em relação a um investigador de vinte e cinco.

Não se trata de discriminação ou preconceito. O ser humano cria mentalmente uma série de estereótipos, e a testemunha naturalmente fará a correlação entre a sua visão de mundo e a do seu entrevistador. Isso acontece em uma fração de segundos e, caso tenha ocorrido uma associação negativa, será difícil criar a condição de cumplicidade necessária para a obtenção de um bom relato.

Não há "receita de bolo" nessas situações. Cabe ao entrevistador e à sua equipe identificarem com antecedência as características da testemunha, de forma que se possa minimizar eventuais impactos que possam surgir durante a entrevista. Se possível, o grupo de trabalho deve ser composto por vários entrevistadores, com características distintas entre si, de forma que se possa escolher, para conduzir a atividade, o profissional que mais se adapte ao perfil da testemunha.

Como critério de escolha do melhor profissional para determinada entrevista, deve-se, por fim, considerar as características do próprio entrevistador. Nesse sentido, o principal aspecto que se deve observar é que o entrevistador não pode, sob qualquer hipótese, ter algum tipo de benefício ou prejuízo decorrente do testemunho, ou mesmo envolvimento com o tema de um modo geral. A isenção do entrevistador não é apenas salutar, é essencial. O direcionamento de uma declaração tomada por um investigador comprometido com a testemunha levaria o caso a um desfecho totalmente diverso do que se exige em um processo investigativo conduzido com isenção e imparcialidade.

Um segundo aspecto diz respeito ao conhecimento do entrevistador sobre o tema a ser tratado. É importante que o especialista estude a fundo as informações já disponíveis sobre o assunto e que tenha conhecimento sobre o contexto em que os fatos ocorreram. Além disso, ele deve compreender o vocabulário utilizado pela testemunha, bem como os termos técnicos que eventualmente possam aparecer durante o relato.

O último aspecto a considerar na escolha do profissional é a análise de suas próprias qualidades e de seus vícios. É preciso levar em consideração algumas características pessoais do entrevistador e confrontá-las com o perfil do declarante. O nosso objetivo maior sempre será o estabelecimento do rapport, ou seja, de uma "relação calorosa e relaxada de entendimento mútuo, aceitação e compatibilidade compreensiva entre ambos"[17], contribuindo, desse modo, para o êxito da entrevista.

---

17   De acordo com o dicionário da American Psychological Association: *Warm, relaxed relationship of mutual understanding, acceptance, and sympathetic compatibility between or among individuals.*

7. PREPARE ADEQUADAMENTE O LOCAL DA ENTREVISTA

Um bom lar precisa ser feito, não comprado.
Joyce Maynard

Ao abordarmos esse tema, pensamos em algumas orientações que sejam úteis tanto aos profissionais iniciantes, que estejam dando os seus primeiros passos na condução de entrevistas investigativas, quanto para aqueles mais experientes, que já atuem como entrevistadores em seus respectivos órgãos, ainda que de forma empírica e sem adotar um procedimento específico. Assim, se você nunca montou uma sala de entrevista encontrará aqui algumas dicas interessantes sobre como preparar esse local. E, do mesmo modo, se você já precisou compor um ambiente para uma oitiva, esperamos que obtenha neste Guia algumas recomendações adicionais, que lhe permitam explorar e otimizar ao máximo o uso desse espaço.

O primeiro aspecto que o profissional deve ter em mente ao preparar um local para a realização de uma entrevista investigativa é que, ao apresentar a sua declaração, a testemunha pode se ver obrigada a tratar de assuntos delicados, que em alguns casos podem ser sigilosos ou até mesmo constrangedores. Para garantir que haja privacidade e segurança, o local escolhido para a tomada das declarações deve ser reservado. De modo algum uma entrevista investigativa pode ser realizada no corredor de uma delegacia, ou em um espaço de múltiplas funções, que a todo instante seja acessado por pessoas que não tenham envolvimento algum com a apuração do fato. Sabemos, evidentemente, que algumas instituições podem apresentar dificuldade em destinar uma sala exclusivamente para a realização de entrevistas. Todavia, ao menos no dia agendado para que a testemunha preste suas declarações, é conveniente que se utilize um local reservado, no qual não haja presença ou trânsito de pessoas estranhas à entrevista. Importante salientar que por "local reservado" não estamos falando de espaços totalmente ermos e isolados. Conduzir a testemunha para um ambiente com essas características poderia, inclusive, gerar o efeito contrário ao que se deseja, ou seja, tornar-se um fator de inibição, o que viria a comprometer a qualidade do seu relato.

Outro aspecto importante que deve ser observado ao se preparar o local da entrevista é o silêncio. Como o leitor poderá constatar em diversos temas abordados neste Guia de Entrevista Investigativa, a matéria-prima para a produção do relato é a memória, e uma das principais atribuições do entrevistador consiste precisamente em ajudar a testemunha a reconstruir as lembranças relacionadas aos eventos presenciados. Registre-se, nesse sentido, que o silêncio costuma ser um elemento-chave nesse processo de reconstrução das memórias. Assim, do mesmo modo que quando queremos nos concentrar em algum assunto específico pedimos às pessoas a nossa volta que fiquem em silêncio, pois o barulho nos incomoda e compromete a nossa capacidade de concentração, também a testemunha, ao se esforçar para recobrar detalhes dos eventos vivenciados, encontrará dificuldades caso isso ocorra em um local excessivamente barulhento, seja em virtude de outros indivíduos conversando em voz alta nas proximidades, ou mesmo, por exemplo, em razão de um ventilador ou ar condicionado defeituoso.

Note-se que não apenas o barulho pode comprometer o esforço de uma testemunha para reconstruir as suas memórias. De fato, qualquer elemento de distração tem potencial para afetar esse processo. Dessa constatação, inferimos outra característica desejada ao local destinado à realização de entrevistas: a ausência de elementos de distração. Em razão disso, devem ser evitados locais com muitos móveis e objetos de decoração. Na prática, quanto mais simples e funcional for o ambiente, melhor condição ele oferece para a condução de uma entrevista. Do mesmo modo, caso haja janelas no local, o ideal é que o declarante sente-se de costas para elas, de forma a evitar que a sua atenção seja desviada para eventos que ocorram no lado de fora da sala onde a entrevista esteja sendo realizada. Do mesmo modo, deve-se cuidar para que aparelhos celulares e despertadores sejam colocados no modo silencioso antes do início da entrevista. Com efeito, nada é mais constrangedor para um entrevistador do que ver o seu próprio telefone tocar durante o curso de uma entrevista. Por mais que lhe digam: "aqui nessa sala temos um telefone, mas ele nunca toca...", acredite, esse telefone irá tocar exatamente no momento em que o declarante estiver se esforçando para recordar algum aspecto importante em seu relato. Ou seja, se houver algum telefone ou despertador ligado, providencie pessoalmente para que eles sejam silenciados antes que a entrevista se inicie.

Não é necessário que o local escolhido para realizar a entrevista seja extremamente luxuoso, contudo, ele deve oferecer o conforto necessário para acomodar o entrevistado e a equipe de profissionais envolvidos na tomada das declarações, uma vez que o relato dos fatos pode durar de vinte minutos a duas horas, ou mais... Assim, é conveniente que a entrevista ocorra em ambiente limpo e confortável, no qual o declarante possa dispor ao menos de água (lembre-se que falar provoca sede e você deseja que o relato prestado pela testemunha seja extenso e detalhado) e café, um estimulante que pode ser útil para manter a atenção de todos os envolvidos na atividade.

É apropriado também que no local escolhido para a realização da entrevista o declarante possa encontrar recursos básicos que o auxiliem no seu relato. Lápis e papel, em muitos casos, são essenciais para ajudar a testemunha a explicar graficamente algum detalhe que ela não consiga descrever em palavras. Uma mesa lateral pode ser útil para dispor esses materiais, bem como algumas evidências que venham a ser utilizadas no curso da entrevista. Deve-se evitar, contudo, a interposição de objetos (como a famosa mesa das salas de interrogatório) entre a cadeira ocupada pelo entrevistador e o local em que a testemunha venha a se sentar. A ausência de objetos entre o entrevistador e a testemunha, além de colaborar para que não seja criada uma barreira entre eles, também possibilita ao entrevistador a visualização completa do corpo do entrevistado durante o seu relato. Recomenda-se que o entrevistador e a testemunha estejam a uma distância adequada e com uma leve inclinação entre si, de forma que não fique configurado um posicionamento diametralmente oposto entre ambos.

Por fim, mas não menos importante, caso você precise entrevistar mais de uma testemunha no mesmo dia, lembre-se de que o local escolhido para a tomada das declarações deve possuir estrutura adequada para acomodar a todas elas, bem como a um assistente, que irá lhe prestar auxílio durante o período em que os declarantes aguardam o início da entrevista. Conforme o caso, pode ser conveniente que a sala tenha ao menos dois acessos distintos (entrada e saída independentes).

Isso pode ser muito útil para evitar que as testemunhas se encontrem e troquem informações entre si no intervalo entre as suas respectivas declarações.

De um modo geral, seguindo essas orientações, você conseguirá montar um bom espaço para a realização de suas entrevistas. Evidentemente, outras características poderiam ser úteis em casos específicos. Contudo, na medida em que for se aperfeiçoando no emprego da técnica, o leitor terá condições de identificar e sanar, por conta própria, tais peculiaridades.

> **Lembrete:**
> QUALQUER ELEMENTO DE DISTRAÇÃO NO AMBIENTE DA ENTREVISTA TEM POTENCIAL PARA AFETAR O PROCESSO DE RECONSTRUÇÃO DAS MEMÓRIAS.

8. DEFINA QUEM DEVE PERMANECER NA SALA DE ENTREVISTA

A virtude está no meio.
Aristóteles

Apesar de, por definição, uma entrevista ser uma atividade desenvolvida entre dois indivíduos, é possível (e por vezes recomendável) que ela conte com a participação de mais pessoas. Veremos agora quais são as variáveis que influenciam na definição das pessoas que participarão da entrevista.

Abordaremos este tema por duas perspectivas: necessidades da testemunha e necessidades do entrevistador. Em qualquer dos casos, deve-se ter em mente que a permanência de outras pessoas no mesmo ambiente poderá contribuir para o êxito ou fracasso da entrevista, devendo, portanto, ser analisada com parcimônia, para que se possa mitigar eventuais impactos negativos sobre a condução da entrevista.

Iniciaremos pelas necessidades da testemunha, considerando que o ideal é que ela esteja sozinha ao prestar suas declarações. Acreditamos que este seja o cenário ideal, pois confere ao declarante as condições favoráveis para que ele se concentre nos fatos narrados, além de evitar a interferência indevida de outras pessoas em seu relato. Contudo, podem ocorrer situações em que a testemunha não se sinta à vontade ou mesmo não tenha condições de estar sozinha durante a sua declaração. Já presenciamos circunstâncias em que a testemunha solicitou a presença de um familiar, de um advogado ou até mesmo de um amigo para estar com ela durante a atividade. Caso isso ocorra, procure inicialmente demover a testemunha dessa necessidade, deixando claro a ela que será apenas uma conversa. O entrevistador deve reforçar os dois aspectos citados anteriormente e explicar para a testemunha que a presença de outras pessoas – além de ser um fator de distração – poderá prejudicar a qualidade do seu relato. De fato, a declaração deve ser prestada unicamente pela testemunha, não sendo admissível a interferência de terceiros. Caso o declarante não concorde com os argumentos apresentados, a presença de um acompanhante poderá ser autorizada. Nesse caso, contudo, a pessoa que for permanecer na sala deve ser orientada para que não faça nenhum tipo de manifestação, seja para responder a algum questionamento ou para auxiliar em alguma lembrança do declarante. Os fatos devem ser narrados unicamente pela testemunha, não sendo recomendado que ela pergunte algo ao seu acompanhante, sob o risco de contaminar e comprometer o seu relato. A entrevista trata da percepção da testemunha sobre os fatos que tenha presenciado, e não da opinião de terceiros a esse respeito.

Ainda sobre a presença de outras pessoas que tenham sido convidadas pela testemunha para permanecer na sala de entrevista, deve-se ter cuidado para que estas não estejam no campo de visão do declarante, para que não se transformem em mais um elemento de distração durante a entrevista. O ideal é que uma cadeira para acomodar o acompanhante seja posicionada em um ponto da sala que a testemunha não consiga visualizar enquanto esteja interagindo com o entrevistador. Ressaltamos que qualquer outra pessoa que permaneça na sala deverá ser orientada a ficar em absoluto silêncio durante a entrevista.

Outra situação que pode ocorrer é o comparecimento de uma testemunha acompanhada por filho pequeno. O planejamento da atividade deve contemplar essa possiblidade. Nessa hipótese, a equipe de apoio deve contar com profissional habilitado para cuidar da criança, em local próximo à sala de entrevista. Caso a testemunha recuse a se afastar do filho durante a entrevista, a conduta adotada deve ser similar à citada anteriormente, relativa à presença de outras pessoas na sala de entrevista, ou seja, a criança deverá ser mantida fora do campo de visão da mãe e o mais quieta possível. A depender do grau de interferência dessa criança durante a tomada das declarações, o entrevistador deve avaliar se não será mais conveniente, nesse caso, reagendar a entrevista para um momento mais oportuno.

Definida a questão da permanência de outras pessoas na sala de entrevista, por necessidades da testemunha, passaremos a tratar agora dos assuntos relacionados ao entrevistador. O mais relevante, quanto a esse aspecto, é garantir que outras pessoas que eventualmente estejam na sala não interfiram na condução da entrevista. Uma distração que ocorra em um momento de recuperação das memórias, por exemplo, poderá comprometer todo o trabalho desenvolvido com a testemunha.

Destacamos, nesse sentido, que o entrevistador deve possuir total controle sobre a entrada e permanência de outros profissionais na sala de entrevista. Deverão estar no ambiente apenas as pessoas que forem autorizadas por ele. Seria inadmissível, por exemplo, a entrada de um funcionário para varrer o local ou para fazer manutenção do equipamento de ar-condicionado enquanto a entrevista esteja sendo realizada.

No que diz respeito aos entrevistadores, poderão permanecer um ou dois na sala de entrevista. É usual que instituições de maior porte trabalhem com um entrevistador principal e um assistente. Neste caso, é imprescindível que haja a divisão clara das tarefas que serão executadas por eles, tais como: anotações, observação da comunicação não verbal, condução da entrevista etc. O declarante não deve ter dúvida sobre o papel desempenhado por esses profissionais.

Em alguns casos específicos poderá ser necessário solicitar a presença de outros profissionais na sala de entrevista para facilitar a comunicação com a testemunha. Isso pode ocorrer, por exemplo, em razão do idioma falado pelo declarante, ou pela necessidade de emprego da linguagem de sinais. De qualquer modo, essa participação deve ocorrer apenas quando determinado pelo responsável pela entrevista e mediante orientação prévia dos procedimentos que esses profissionais deverão adotar para que não venham a comprometer a condução da atividade. Todo o cuidado deve ser tomado pelo entrevistador para que o ambiente não se torne saturado de pessoas desconhecidas, as quais – pelo simples fato de estarem em maior número – poderiam constranger o declarante e impedir que o mesmo se sinta confortável e à vontade para prestar o seu testemunho.

De um modo geral, podemos dizer que a definição das pessoas que permanecerão na sala durante a entrevista decorre de dois fatores: planejamento e controle. O planejamento permitirá que o entrevistador tenha condições de prever situações específicas, e formule linhas de ação compatíveis para a sua resolução. O controle, por outro lado, possibilitará que ele restrinja o acesso de pessoas não autorizadas, evitando interrupções e interferências indesejadas.

> **LEMBRETE:**
> *MESMO COM ACOMPANHANTE AUTORIZADO, OS FATOS DEVEM SER NARRADOS UNICAMENTE PELA TESTEMUNHA.*

9. GRAVE A ENTREVISTA

Bons investigadores são capazes de manter grande quantidade de detalhes na memória. Excelentes investigadores documentam os detalhes.
Dick Warrington

Conforme já destacado em outros trechos deste Guia, a entrevista investigativa não se confunde com o interrogatório. De fato, presume-se que na tomada de uma declaração, mediante o emprego da entrevista, uma série de cuidados sejam adotados para que não haja qualquer tipo de pressão que possa afetar a testemunha. Uma das principais ferramentas para a constatação de que tais procedimentos tenham sido devidamente observados é a gravação da entrevista.

Inicialmente, cumpre fazer um alerta importante: algumas pessoas podem não se sentir à vontade diante de uma câmera de vídeo. Desse modo, cabe ao entrevistador, ainda durante o contato inicial com o declarante, certificar-se de que ele esteja confortável na sala de entrevista com a presença da filmadora, para somente depois engajá-lo nos procedimentos seguintes. De um modo geral, essa verificação será feita a partir da observação do comportamento não verbal apresentado pela testemunha[18].

Outro aspecto que não pode ser negligenciado é a necessidade de obtenção de uma autorização prévia da testemunha para a gravação de suas declarações. Tal consentimento pode ser obtido, inclusive, através de uma pergunta direcionada a ela, já com a câmera ligada. Caso a testemunha se oponha inicialmente à realização da gravação, o entrevistador deve explicar a ela a importância deste procedimento, destacando especialmente o fato de que com a obtenção desse registro não será necessário chamá-la novamente para prestar declarações caso seja preciso recordar algum detalhe específico do seu relato. De fato, não é raro acontecer que a apuração de um determinado acontecimento perdure por meses (em alguns casos até anos) e antigos casos, que já haviam sido encerrados ou arquivados, podem ser reabertos pelo aparecimento de novas e importantes evidências. Imagine, por exemplo, que um caso precise ser reaberto dois ou três anos após os acontecimentos que lhe deram causa. Não há dúvida que, nessa situação, o próprio transcurso do tempo comprometeria em grande medida eventuais lembranças que a testemunha tenha dos fatos por ela presenciados. Contudo, se houver uma gravação de seu relato original, realizado à época dos acontecimentos, esse material poderá ser revisto e reavaliado pelos entrevistadores, sem que haja a necessidade (pelo menos inicialmente) de tomar novamente a sua declaração.

Pode ocorrer, contudo, que mesmo após o responsável pela entrevista realizar essas explicações, a testemunha ainda se recuse a autorizar (embora isso não seja comum, já aconteceu efetivamente em alguns casos que conduzimos). Diante dessa situação, o entrevistador deve solicitar autorização para efetuar, ao menos, a gravação do áudio da entrevista. Na hipótese de que nem mesmo este último recurso possa ser aplicado, restaria a ele apenas a alternativa de efetuar os registros, por escrito, da declaração apresentada pela testemunha.

Ainda sobre o tema referente à autorização para a gravação das declarações, é conveniente que haja uma ressalva expressa no termo que será assinado pela testemunha ao final da entrevista. Isso evitará

---

18   *Em capítulo específico serão apresentadas algumas ferramentas para efetuar essa verificação.*

qualquer alegação futura por parte do declarante de que não havia compreendido a pergunta inicial, o que poderia desautorizar a gravação do seu relato. Esse cuidado, que pode até parecer exagerado em contextos nos quais a gravação já ocorra obrigatoriamente – por expressa determinação legal – como no caso das entrevistas forenses, é essencial para o êxito da obtenção de declarações em outros ambientes, tais como em investigações de fraudes corporativas ou apurações de natureza institucional.

Com efeito, além de permitir a posterior verificação da compatibilidade entre os procedimentos adotados pelo entrevistador e as recomendações técnicas referentes à realização de entrevistas investigativas, a gravação também irá possibilitar a aplicação de metodologias específicas para a análise da declaração, tanto no que se refere aos elementos da dimensão não verbal (posturas, gestos, expressões faciais e paralinguagem utilizada pela testemunha) quanto no que diz respeito ao relato propriamente dito, ou seja, ao conteúdo da declaração. Com relação a esse último aspecto, deve-se observar que, de acordo com a melhor doutrina, a análise do conteúdo da declaração deve ser realizada considerando as exatas palavras que foram ditas pela testemunha, e não sobre a versão final que foi formalizada no termo de declaração, a qual corresponde apenas a uma interpretação do entrevistador para o relato feito pela testemunha.

De fato, a única forma de se atender à recomendação expressa no parágrafo anterior é a partir da gravação do relato apresentado pela testemunha. Note-se que algumas entrevistas podem ser demoradas. Em alguns casos, o procedimento pode transcorrer durante horas, e seria humanamente impossível que o entrevistador memorizasse ou mesmo anotasse tudo o que fosse declarado pela testemunha, com as suas exatas palavras, durante esse período. O termo de declaração, que será lido pelo entrevistador e assinado pela testemunha antes do encerramento da entrevista, não se confunde e não tem por objetivo substituir a gravação do relato. Trata-se, exclusivamente, de um resumo (feito pelo entrevistador ou por seu auxiliar) daquilo que foi declarado pela testemunha, e cuja principal função é facultar ao declarante uma nova oportunidade para recordar elementos que não tenham sido inclusos em seu relato inicial, ou ainda para corrigir algo que o entrevistador tenha entendido de forma equivocada.

Por óbvio, o entrevistador tem absoluta responsabilidade sobre todo o conteúdo gravado na entrevista, não devendo permitir que pessoas não autorizadas tenham acesso a esse material. Ressaltamos que o ideal é sempre possuir um backup dos arquivos originais de todas as câmeras utilizadas para efetuar a gravação, e que ambos os registros (original e backup) devem ser armazenados em locais seguros e separadamente. Com efeito, não é raro que um relato precise ser reexaminado no transcurso da própria investigação, após novas testemunhas serem ouvidas, de forma que pode ser necessário consultar esses arquivos por diversas vezes no decorrer das apurações.

Quanto a esse aspecto, a gravação cumpre ainda o papel fundamental de evitar a exposição reiterada da testemunha a situações traumáticas. Um entrevistador profissional deve ter sempre em mente que – em determinados contextos – a repetição desnecessária da entrevista pode levar o declarante a um estado de revitimização, o qual poderia ser evitado realizando-se a gravação da entrevista original.

De um modo geral, a gravação pode ser executada em duas modalidades: apenas em áudio ou em áudio e vídeo. Embora a gravação efetuada em áudio e vídeo seja a ideal, pois permite a aplicação posterior de uma série de metodologias para a avaliação do relato apresentado pelo declarante, em determinados casos (como em entrevistas conduzidas por telefone, por exemplo) apenas a gravação em áudio poderá ser realizada. O importante, nesses casos, é que a gravação seja realizada, e que não se perca a oportunidade de efetuar ao menos o registro sonoro das declarações.

Ainda com relação à gravação da entrevista, cabe salientar que o melhor posicionamento para a câmera será aquele que permita o registro da testemunha por um ângulo frontal, de forma a abranger todo o seu corpo e ainda permitir a identificação de gestos e expressões faciais. Analisemos a imagem a seguir, a qual foi inspirada em uma gravação real, realizada durante audiência de custódia em um caso de grande repercussão nacional.

Note-se que, embora a câmera que efetua a gravação tenha sido posicionada em ângulo frontal, o fato de não haver um ponto fixo para a captação do áudio fez com que o declarante elevasse o microfone à altura do rosto, de modo a ocultar toda parte inferior de sua face. Há, ainda, a questão do posicionamento da mesa, o qual impede completamente a visualização do corpo do declarante, a partir da linha da cintura para baixo, região onde muitas vezes são observados sinais de ansiedade, os quais podem ser interpretados como indicadores de desconforto, conforme o caso.

Por questões de segurança, e de acordo com as possibilidades de cada instituição, recomenda-se que a gravação do relato seja efetuada em redundância, ou seja, por pelo menos dois equipamentos distintos. Assim, mesmo que um deles torne-se inoperante, o outro garantirá que a gravação seja realizada. Embora o registro visual do próprio entrevistador também seja importante, em muitos casos esta perspectiva só poderá ser obtida por uma terceira câmera, a qual, caso exista, deve estar posicionada em um ponto diferente da sala de entrevista.

É comum que as testemunhas aguardem serem chamadas para prestar suas declarações em uma sala de espera. Se for possível, e estiver dentro das possibilidades da instituição, recomenda-se que a gravação comece a ser feita a partir deste momento, tendo em vista a importância desse registro para traçar a linha de base do declarante, observando-se o seu comportamento antes do início de sua declaração.

Ressaltamos que o entrevistador é responsável pela verificação prévia dos dispositivos que serão utilizados para a gravação da entrevista. Tudo deve ser conferido com antecedência, desde o funcionamento das câmeras até o lugar em que a testemunha tomará assento. Seguindo essas orientações você certamente terá êxito na gravação da entrevista, mesmo diante de um imprevisto qualquer.

Por fim, vale lembrar que esse material também será de grande importância para o seu aprimoramento como entrevistador investigativo. Sem dúvida, aprende-se muito ao planejar e executar uma entrevista. Contudo, assimila-se ainda mais ao assistir a uma gravação na qual você mesmo tenha atuado como entrevistador, pois apenas dessa forma será possível observar e tomar consciência de condutas que muitas vezes passam despercebidas em sua atividade profissional. De fato, somente comparando a sua atuação em diferentes entrevistas você terá elementos válidos para avaliar o seu progresso nos diversos aspectos de aplicação desta técnica.

> **CHECK-LIST DE GRAVAÇÃO:**
> *ESCLARECER SOBRE SUA NECESSIDADE.*
> *OBTER AUTORIZAÇÃO EXPRESSA DA TESTEMUNHA.*
> *FILMAR EM ÂNGULO FRONTAL.*
> *REDOBRAR OS MEIOS COM DIFERENTES EQUIPAMENTOS.*

10. RECEBA A TESTEMUNHA DE FORMA ADEQUADA

Acolhe a todos igualmente bem.
Mário Quintana

Em seu livro A primeira impressão é a que fica, Ann Demarais ressalta que o momento mais importante de absolutamente todos os relacionamentos ocorre durante o primeiro contato. Sem sombra de dúvida, essa regra também se aplica ao relacionamento que se desenvolve entre o entrevistador e a testemunha no contexto de uma entrevista investigativa. Nesse sentido, apresentaremos a seguir um conjunto de orientações que auxiliarão o leitor a garantir o estabelecimento de um bom vínculo com o declarante, desde o primeiro contato entre ambos, até o encerramento da entrevista.

Embora possa parecer desnecessário, nunca é demais lembrar que o entrevistador deve se certificar com antecedência se todas as medidas previstas no planejamento para a realização da entrevista foram tomadas. Particularmente, adotamos como procedimento sempre visitar com antecedência o local onde ocorrerá a entrevista, para verificar se as demandas referentes à organização e à limpeza do local foram atendidas. É importante também identificar se a sala estará aberta ou fechada, e com quem a chave poderá ser obtida caso você mesmo precise abri-la (se possível, tenha uma cópia dessa chave sempre com você), principalmente nos casos em que o horário agendado para a chegada da testemunha seja logo no início da manhã.

E, já que estamos falando em horário, vamos começar pelo básico: o entrevistador deve chegar ao local da entrevista com pelo menos uma hora de antecedência em relação à testemunha. De fato, nada seria mais destrutivo para a construção de um bom vínculo entre o entrevistador e a testemunha do que chegar atrasado e deixá-la esperando no local. Além de causar péssima impressão, essa conduta demonstraria desprezo pela pessoa que, muitas vezes, precisa mudar a sua rotina para comparecer no local e no horário agendado para prestar as suas declarações.

Evidentemente, isso comprometeria a condução de toda a entrevista. É natural imaginar que um declarante dificilmente se sentiria confortável para relatar assuntos de maior sensibilidade a um entrevistador que desde o início demostrou pouco ou nenhum interesse pelo que ele tem a relatar sobre o assunto.

Outro aspecto importante que deve ser observado, ao receber o declarante na sala de entrevista, são as vestimentas da equipe que vai conduzir a atividade. Com efeito, entrevistas investigativas podem ocorrer em diferentes ambientes, desde delegacias de polícia até fóruns e promotorias de justiça, passando por empresas e órgãos públicos, em geral. Todavia, não seria prudente, por exemplo, conduzir uma entrevista investigativa com um uniforme tático-operacional preto, com distintivos, armas e acessórios presos à cintura, e uma balaclava enrolada na cabeça. A regra geral aqui é simples: não usar vestimentas que possam constranger a testemunha. Da mesma forma, trajar terno e gravata pode inibir pessoas mais humildes que sejam convidadas a prestar declarações, tais como servidores da limpeza ou outros funcionários de empresas prestadoras de serviços. É importante que, ao planejar a entrevista, o investigador identifique previamente o perfil da testemunha, para que possa escolher a vestimenta mais adequada para cada caso. Registre-se, ainda, que a situação inversa também pode ocorrer. Um entrevistador que, eventualmente, se apresente para uma entrevista em trajes esportivos jamais inspiraria confiança em uma pessoa que habitualmente vista-se de maneira mais formal.

A recepção, propriamente dita, da testemunha deve ser realizada com gentileza e cordialidade. Um sorriso cortês e um aperto de mão são essenciais para que a testemunha possa aproximar-se do entrevistador, uma pessoa que ela provavelmente ainda não conhece, e para a qual em breve poderá ter que relatar assuntos que, em alguns casos, são íntimos e constrangedores. O entrevistador e seu assistente devem se apresentar ao declarante, informando a ele os seus nomes e respectivas funções. O entrevistador deve indicar à testemunha o lugar em que ela irá se sentar e perguntar como ela gostaria de ser chamada. A preocupação em descobrir como o declarante gostaria de ser chamado durante a entrevista é fundamental para criar rapport e favorecer o estabelecimento de um vínculo positivo entre ambos já no início da entrevista. Muitas pessoas são usualmente conhecidas por apelidos, nomes de guerra ou até mesmo nomes sociais. Descubra como ela prefere ser chamada e chame-a por esse nome. Ser identificado por um nome diferente (ainda que seja o seu nome civil) pode soar como frio e distante, e acabar criando uma barreira que dificulte a aproximação com o entrevistador.

Saber trabalhar de forma adequada com a comunicação não verbal também irá ajudar muito, não apenas durante a recepção da testemunha, mas também no curso de toda a entrevista. Por mais que o assunto da investigação seja delicado, o entrevistador deve manter uma expressão serena, e a sua voz deve transparecer tranquilidade e segurança. Na medida do possível, o corpo do entrevistador deve estar voltado e levemente inclinado para o declarante. Ambos devem estar sentados à mesma altura e a uma distância adequada, ou seja, nem tão perto que seja constrangedor para a testemunha, nem tão distante ao ponto que o entrevistador precise aumentar o volume de sua voz para que seja ouvido. O entrevistador deve perguntar se a testemunha está confortável (chamando-a pelo nome que ela lhe indicou anteriormente), e oferecer a ela água ou café. Um aspecto muito importante em relação à comunicação não verbal, e que implica diretamente na criação de um vínculo com as pessoas, diz respeito ao contato ocular. Um bom entrevistador deve ser capaz de identificar, ainda durante esse momento inicial da entrevista, como a testemunha se sente em relação a esse aspecto. Ele precisará fazer essa leitura para poder decidir de que forma irá modular o seu contato ocular com o declarante ao longo de toda a entrevista. Quanto a essa questão, não existe o procedimento certo ou errado. O importante para o entrevistador é não constranger a testemunha e, ao mesmo tempo, demonstrar que está interessado e atento a tudo o que ela diz.

Com a testemunha já devidamente acomodada, e após as apresentações protocolares, o entrevistador terá dado um importante passo para o estabelecimento de um vínculo positivo entre ambos. Note-se que, até esse instante, absolutamente nada foi comentado sobre o fato que motivou a entrevista, pois esse efetivamente ainda não é o momento para tratar desse assunto. Primeiro, é preciso estabilizar a testemunha, o que tanto pode significar motivá-la (caso ela aparente estar desanimada para participar da entrevista), quanto acalmá-la (caso ela demonstre estar muito agitada e ansiosa para iniciar o seu relato), e isso deve ser feito justamente durante esse contato inicial que se estabelece entre ela e o entrevistador. Se for preciso motivar o declarante, o entrevistador deverá inicialmente explicar-lhe a importância de seu comparecimento e de sua efetiva participação na entrevista, sem a qual não seria possível esclarecer todos os aspectos do fato que esteja sendo apurado. Por outro lado, caso o declarante mostre-se agitado e ansioso, o entrevistador deve lançar mão de temas que tratem sobre amenidades, ou seja, que não tenham relação alguma com o fato em apuração, com a finalidade de acalmá-lo e engajá-lo adequadamente no contexto da entrevista. Comumente, costuma-se comentar sobre o clima ou até mesmo sobre o trânsito com essa finalidade. Contudo, um entrevistador experiente também saberá explorar outros assuntos nesse momento. No quadro a seguir, o leitor poderá visualizar o fragmento do diálogo desenvolvido durante a recepção de uma testemunha na sala de entrevista. Observe que o entrevistador atua conscientemente, tanto para traçar a linha de base quanto para promover o estabelecimento do *rapport*:

RECEPÇÃO ADEQUADA DA TESTEMUNHA	
Testemunha	Olá, boa tarde!
Investigador	Boa tarde!
A saudação deve ser feita de forma viva (vibrante). O entrevistador recebe a testemunha de pé (se estiver sentado deve obrigatoriamente levantar-se nesse momento), volta-se para ela e caminha em direção à porta para recebê-la. No rosto, deve demonstrar um leve sorriso ou um semblante neutro. Jamais uma expressão apreensiva. Quando estiver próximo à testemunha, ele estende a mão para cumprimentá-la.	

Testemunha	Eu sou o Marco Antônio, do setor de pessoal. O meu chefe me pediu para comparecer hoje aqui para falar sobre aquela situação do Ronaldo...
Investigador	Claro, claro. Por favor, vamos entrar!

Desde o primeiro contato, ao receber a testemunha na porta da sala de entrevista, o entrevistador já deve começar a observá-la. Ao cumprimentá-la com um aperto de mãos, deve identificar se ela está transpirando (o que pode sugerir tensão ou ansiedade). O entrevistador volta-se, então, para o interior da sala. Com uma de suas mãos aponta para o local onde a testemunha deve se sentar e, com a outra, toca-lhe suavemente as costas, conduzindo-a delicadamente pelo interior da sala. Note que, embora a testemunha já tenha tentado introduzir o assunto da entrevista (*aquela situação do Ronaldo*), o entrevistador não deu continuidade ao tema, pois esse ainda não é o momento adequado para isso.

Investigador	Olha... Tem um bom tempo que eu não vou ao setor de pessoal, o chefe de lá ainda é o...

Embora a testemunha tenha tentado introduzir o assunto sobre o qual prestará a sua declaração, o entrevistador desviou para um assunto neutro. Note que ele explorou um assunto que foi abordado pela própria testemunha (ao se apresentar, ela se identificou como o "Marco Antônio, do setor de pessoal"). Perceba também que ele não completou a frase que usou para mudar de assunto, deixando que a própria testemunha informasse o nome do chefe. Ele está verificando se ela de comporta de forma lacônica (dizendo apenas o nome do chefe) ou detalhista (dizendo o nome do chefe, a quanto tempo ele está no local, quem era o chefe anterior etc.).

Testemunha	*O chefe de lá ainda é o Ricardo, mas deve mudar em breve. O Juarez saiu da área de tecnologia, né? Não sei se você chegou a conhecer o Juarez, mas com a saída dele o Ricardo vai assumir o setor de tecnologia agora.*
Comentário	A essa altura um entrevistador experiente já teria assunto para conversar com a testemunha por um bom tempo e acalmá-la, se fosse o caso...
Investigador	Sim, conheço o Juarez. A propósito, deixa eu me apresentar também... O meu nome é Marcelo Santos, mas todo mundo me conhece como Vieira aqui no setor, porque desde que eu entrei na agência sempre usaram o meu sobrenome no crachá. Por falar nisso, Marco Antônio, como você prefere ser chamado?
Testemunha	*Ah... Pode me chamar de Marquinhos mesmo! Todo mundo me chama assim lá na sala.*
Investigador	Tudo bem, Marquinhos! Você aceita um copo com água ou um café?
Testemunha	*Só uma água mesmo!*

Durante o transcorrer do diálogo o entrevistador procura reduzir o grau de ansiedade e traçar uma linha de base, observando o padrão comportamental da testemunha. Nesse momento, o entrevistador se levanta e, pessoalmente, pega um copo com água e oferece ao Marquinhos. Conforme o caso, ele pode solicitar que alguém faça isso. Ao avaliar que a testemunha esteja confortável e pronta para iniciar a entrevista, o entrevistador inicia então os esclarecimentos sobre como transcorrerá a entrevista e o que acontecerá a seguir...

LEMBRETE:
AO PLANEJAR A ENTREVISTA, O INVESTIGADOR PRECISA IDENTIFICAR PREVIAMENTE O PERFIL DA TESTEMUNHA PARA QUE POSSA ADOTAR A CONDUTA MAIS ADEQUADA EM CADA CASO.

11. AVALIE O GRAU DE ANSIEDADE DA TESTEMUNHA

Se a linguagem foi dada aos homens para esconder seus pensamentos, então o propósito dos gestos é revelá-los.
John Napier

Qualquer tipo de relacionamento interpessoal sempre dependerá da cooperação das partes envolvidas para que a interação possa ocorrer adequadamente. E uma entrevista investigativa não foge a essa regra: se por um lado o entrevistador permite que a testemunha fique confortável e à vontade para narrar os fatos presenciados, por outro, a testemunha se esforça para fornecer o relato mais completo e acurado possível. Aprofundaremos esse aspecto a seguir, abordando um conjunto de indicadores que permitirão ao entrevistador avaliar previamente o grau de ansiedade do declarante, para que ele possa decidir com segurança se deve engajar a testemunha na entrevista, ou se ainda é necessário estabilizá-la emocionalmente antes de seguir adiante.

Para que o entrevistador possa avaliar o grau de ansiedade da testemunha, seja no início ou no curso da entrevista, ele precisará observar aspectos de sua comunicação não verbal, tais como: gestos, posturas e expressões faciais. O leitor perceberá que existem diversos indicadores – além de ficar roendo as unhas de forma desesperada – que podem sugerir que a testemunha ainda não esteja emocionalmente pronta para iniciar a entrevista.

Antes, contudo, precisamos fazer uma ressalva importante: todas as pessoas são diferentes e, consequentemente, suas reações emocionais também não serão exatamente as mesmas diante das várias situações vivenciadas em uma entrevista. Sendo assim, nunca se pode afirmar, de forma categórica, que determinado gesto, seja ele qual for, é um indicador seguro de um estado emocional específico. Um bom entrevistador deve ter essa noção clara em sua mente. Ele deve sempre iniciar suas entrevistas desprovido de qualquer viés sobre o significado de gestos e posturas corporais e, na medida do possível, tentar entender o que determinado gesto ou movimento signifique para a testemunha em questão.

Nesse sentido, apresentamos inicialmente um conceito extremamente importante: a linha de base. Trata-se do comportamento padrão (tanto verbal quanto não verbal), que um indivíduo costuma apresentar quando não se encontra sob uma situação de estresse. A partir da linha de base, poderemos comparar, por exemplo, os indicadores não verbais apresentados por uma testemunha em diferentes momentos de uma entrevista. Essa alteração, em última análise, é o que irá nos indicar uma eventual elevação em seu grau de ansiedade, o que pode indicar desconforto em relação à situação vivenciada.

Sugerimos, dentro do possível, que o entrevistador trace a linha de base nos momentos iniciais da entrevista[19]. Desde o contato inicial, o entrevistador deve procurar observar aspectos importantes do comportamento cinésico da testemunha, tais como: a postura, os gestos utilizados, a forma de se sentar e a manutenção do contato ocular. Definida uma linha de base preliminar, o próximo passo é analisar pequenas distorções que irão sugerir uma mudança no nível de ansiedade, indicando se o declarante está ou não confortável com a situação.

---

19   A depender dos recursos e da estrutura de sua instituição, talvez seja possível traçar a linha de base antes mesmo do início da entrevista. Por exemplo, na sala de espera, desde que haja câmeras monitorando o comportamento do declarante nesse ambiente, enquanto ele aguarda para começar o seu relato.

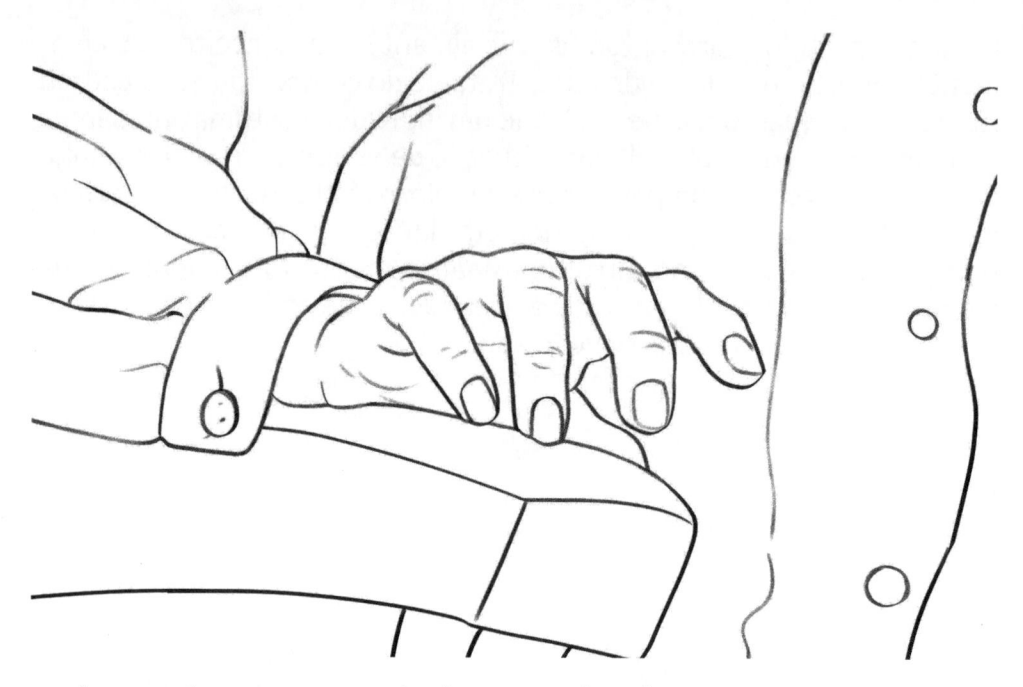

Apresentaremos a seguir dez exemplos de gestos ou movimentos que podem ser observados pelo entrevistador. Existem muitos outros. O objetivo aqui não é esgotar o assunto, mas apenas ressaltar que existem diferentes sinais que podem indicar a elevação do estado de ansiedade, e que existe muito mais a ser observado além de um mero roer as unhas...

Ao ler os aspectos citados a seguir, o leitor deve ter em mente que todos eles podem ser provocados por uma pluralidade de motivos, e por isso devem ser interpretados com muita cautela. Assim, nunca é demais lembrar que embora uma pessoa possa coçar a cabeça por que esteja tensa, ela também pode executar esse mesmo gesto porque esteja com caspa ou algo parecido...

Em uma entrevista, o fato de ocultar as mãos, sob as pernas, por exemplo, sugere que a pessoa esteja se retraindo, e não esteja confortável com o que está falando ou ouvindo. Na mesma linha enquadra-se a conduta de colocar as mãos no bolso, ou sob uma peça de roupa qualquer. Reiteramos que não se trata de um sinal padrão, e que todas as condutas citadas devem ser confrontadas com a linha de base do indivíduo que esteja sendo avaliado. Caso a testemunha já esteja, antes mesmo do início da entrevista, com as mãos escondidas, essa conduta poderá fazer parte de sua linha de base. Além disso, como dissemos anteriormente, ela pode estar apenas tentando ocultar as suas unhas mal cuidadas... O fato de mostrar as mãos que antes estavam escondidas sugere um grau de relaxamento. A ilustração a seguir apresenta uma pessoa com as mãos "escondidas" sob as próprias pernas, conduta que pode sugerir um estado de desconforto com a situação.

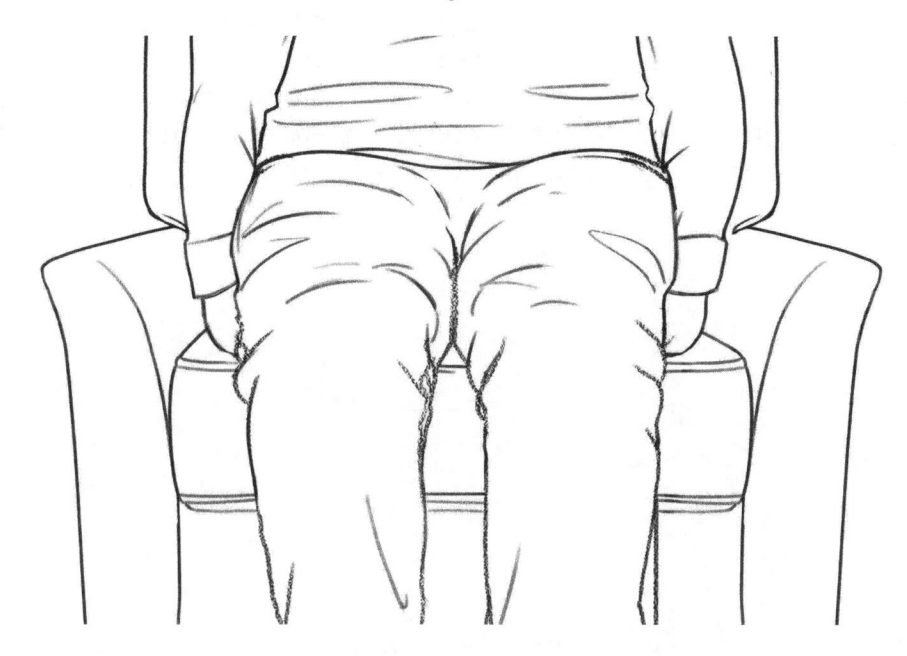

Prosseguindo com a descrição de comportamentos que devem ser observados durante a tomada da declaração, vamos apresentar outro indicador não verbal. Trata-se do "tamborilar" de dedos ou alguma das suas variações (arranhar o corpo ou algum objeto com as unhas). Esse indicador sugere desconforto com a situação e ansiedade. O aparecimento repentino desse indicador logo que o entrevistador informe, por exemplo, que a testemunha deverá iniciar o relato livre sobre os eventos presenciados, pode sugerir desconforto com essa situação. Note que este mesmo indicador, se manifestado pelo entrevistador durante o relato da testemunha, ou mesmo em outros momentos da entrevista, será extremamente prejudicial para o estabelecimento do rapport, pois demonstrará impaciência para ouvir o que ela tem a dizer. De fato, sob o aspecto não verbal, essa conduta depõe contra tudo o que se espera de um bom entrevistador. A ilustração a seguir apresenta o gesto de tamborilar os dedos sobre o braço de uma poltrona, mas ele também pode ser percebido sobre uma mesa, sobre o próprio corpo, ou até mesmo sem encostar em nada, apenas "tamborilando" os dedos no ar.

Outro indicador que pode ser observado resulta da conduta de segurar – e apertar – os braços da cadeira, ou o próprio tornozelo (caso o declarante esteja com as pernas cruzadas), ou até mesmo o assento de sua poltrona. Esse sinal sugere que a testemunha esteja tentando manter-se em contato com o ambiente que lhe cerca. Também pode indicar uma tentativa de evitar a gesticulação excessiva. É um indicador que sugere estado de desconforto com a situação. A ilustração a seguir apresenta a mão de uma pessoa apertando o braço da poltrona, mas, como dito anteriormente, o gesto pode ser efetuado em uma mesa, bolsa, copo descartável, ou em qualquer outro objeto.

Cruzar os braços é outro sinal que merece atenção. Trata-se de um indicador comum de "fechamento", de uma necessidade de proteção. Pode sugerir, também, descaso ou repulsa em relação ao outro. Os braços funcionam como uma espécie de barreira. Uma variação desse sinal é comum em mulheres que "abraçam" sua bolsa ou simplesmente a colocam no colo ao invés de a deixarem ao lado. Podemos considerar essa conduta como altamente destrutiva quando adotada pelo entrevistador. Portanto, evite-a ao máximo. Na ilustração a seguir, vemos uma pessoa que, além de cruzar os braços, está sentada na beira da poltrona (passando a impressão de que deseja se levantar o quanto antes). Essa postura sugere um alto grau de desconforto. Uma testemunha nessa condição dificilmente se engajará na entrevista, e tampouco responderá de forma adequada aos questionamentos.

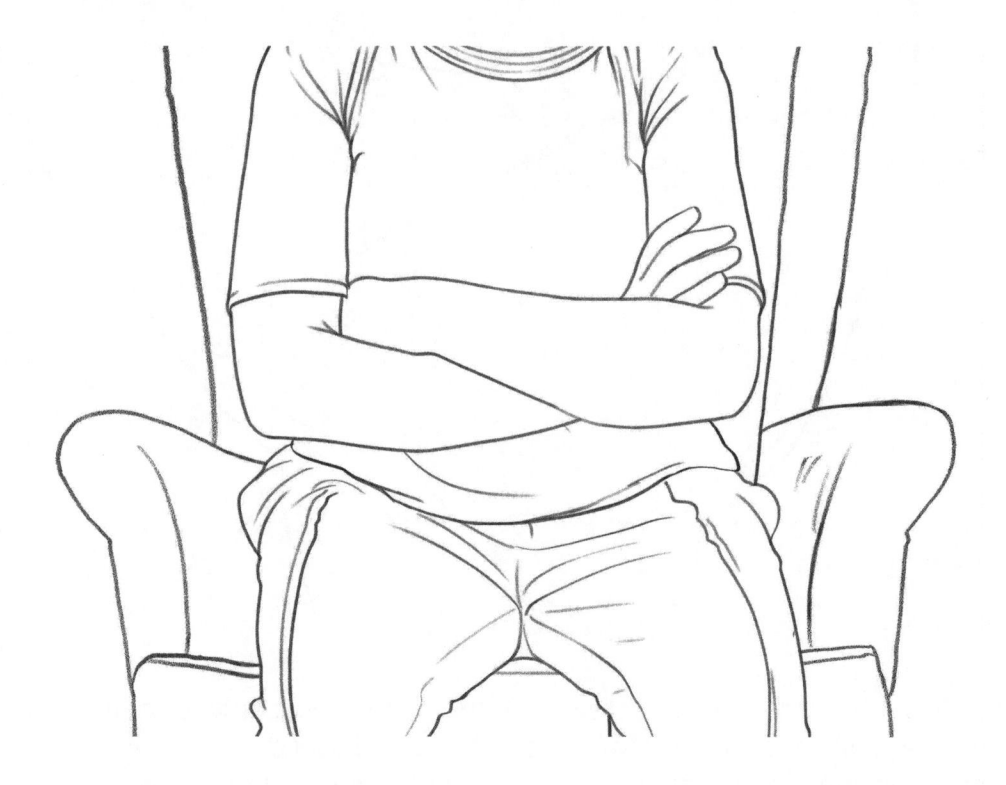

A conduta de manter os lábios pressionados pode indicar que a pessoa esteja tentando "controlar" o que fala. Não caia na armadilha de interpretar esse indicador como um sinal da mentira. Analise o motivo que poderia levar o declarante a querer controlar o que diz. Será que ele se sente confortável com o assunto? Estaria com medo de alguma represália? Estas são situações que poderiam resultar na demonstração desse gesto, ou de alguma de suas variações, como pressionar os lábios com o polegar, ou entre o polegar e o dedo indicador. Na ilustração a seguir vemos uma pessoa que mantém os lábios pressionados demonstrando não estar à vontade para iniciar o seu relato.

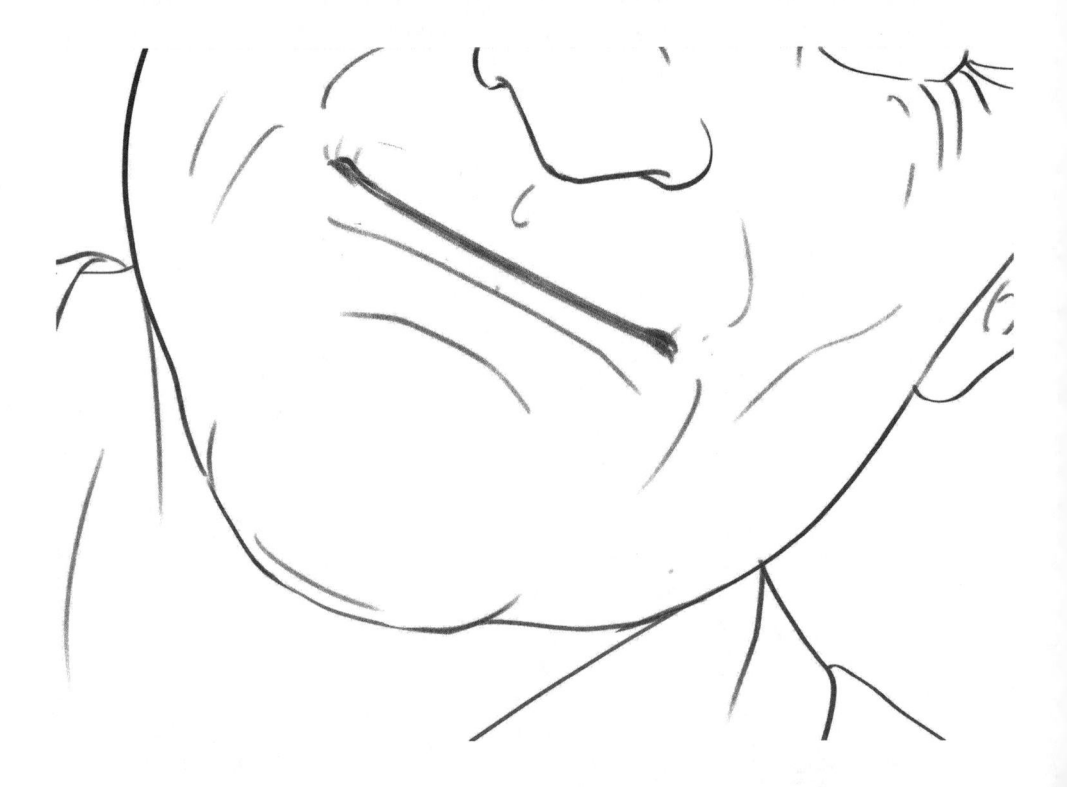

Imagine, agora, que a testemunha tenha iniciado a entrevista de forma tranquila e feito o relato livre dos fatos que ocorreram. Todavia, durante os questionamentos, ela começa a se mexer o tempo todo. Cruza as pernas, muda a posição do cabelo, descruza as pernas, coça o rosto, vira um pouco de lado na cadeira, volta a mexer no cabelo... Essa movimentação excessiva sugere alto nível de ansiedade. Algo pode estar lhe causando desconforto. Se for uma pergunta, atente para aquele assunto em particular, e verifique se essa inquietação desaparece quando for feito um novo questionamento, sobre um assunto diferente. Em caso afirmativo, é possível que o tema tratado tenha lhe provocado esse incômodo. Note que uma agitação excessiva do entrevistador pode ser o motivo do estado de impaciência do declarante, levando-o, inclusive, a encerrar precocemente o seu relato. Na ilustração a seguir vemos uma senhora que, ao mesmo tempo em que faz o seu relato, movimenta a cabeça para os lados, pressiona a poltrona com uma das mãos, gesticula com a outra, e ainda cruza e descruza as pernas alternadamente.

Uma variação do gesto anterior consiste em balançar incessantemente as pernas. Para observar adequadamente esse sinal é conveniente que não existam barreiras (como a famosa mesa de interrogatório) que ocultem a parte inferior do corpo do declarante. Mexer as pernas de forma incessante pode ser um indicador de tensão e ansiedade, mas também faz parte da linha de base de muitas pessoas... Portanto, é um sinal que deve ser interpretado com muita cautela, mas que pode, sim, sugerir acentuação no grau de ansiedade. O entrevistador deve se policiar para não manifestar esse gesto que, além de causar distração na testemunha, irá transparecer apreensão e impaciência, podendo inclusive levar o declarante a interromper o seu relato. A ilustração a seguir mostra uma pessoa que movimenta insistentemente o calcanhar no sentido vertical. Uma variação desse gesto consiste no balançar lateral das pernas, que por vezes pode fazer com que a pessoa aparente estar tremendo de frio.

Conferir constantemente as horas é um sinal bem peculiar. Anos atrás seria apenas "olhar o relógio", mas, hoje em dia, muitas pessoas conferem as horas no mostrador do celular. Esse sinal indica impaciência, e pode ser interpretado como "a testemunha não vê a hora de a entrevista acabar". Cabe ao entrevistador averiguar o motivo de uma eventual impaciência, que tanto pode resultar de um desconforto com a situação, quanto de algum compromisso previamente agendado para esse mesmo horário. Neste último caso, pode ser que o planejamento tenha sido mal executado... Nunca é demais lembrar que a entrevista deve ser agendada em dia e horário que não coincidam com outros compromissos do declarante. Essa mesma conduta, se manifestada pelo entrevistador, também transparecerá impaciência aos olhos da testemunha, e seguramente comprometerá a qualidade de seu relato. Caso o declarante demonstre impaciência em relação ao horário, em virtude de dificuldades de transporte no retorno para casa após o término da entrevista (isso geralmente ocorre em entrevistas realizadas no período noturno), assegure-se que, ainda durante o contato inicial, ela seja tranquilizada quanto a esse aspecto. Ao agendar a entrevista, informe-a que a instituição irá se responsabilizar pelo seu deslocamento na volta à sua residência. Na ilustração a seguir vemos uma pessoa que verifica constantemente as horas em seu relógio. Note-se, contudo, que nem sempre o gesto será tão claro. O simples ato de tocar o mostrador do relógio, mesmo sem olhar para ele, pode indicar a preocupação com as horas. Convém recordar que o planejamento do horário da entrevista deve contemplar outros compromissos previamente agendados pelo declarante.

Outro gesto que está relacionado com a conduta de segurar algum objeto, mas que ocorre de uma forma um pouco mais sutil, consiste em esfregar ou apertar de forma contínua alguma parte do corpo. É um sinal que sugere ansiedade. Essa automassagem pode indicar desconforto e impaciência. Caso o entrevistador perceba esse sinal durante a entrevista, deverá averiguar o que pode estar provocando inquietação na testemunha. Quando se manifesta no entrevistador, esse indicador também sugere impaciência, e pode se transformar em um elemento de distração, devendo, portanto, ser evitado. A ilustração a seguir apresenta um senhor em estado de desconforto. Note-se que, além de transpirar excessivamente, ele pressiona insistentemente uma de suas mãos com a outra. O mesmo gesto pode ser percebido em outras partes do corpo.

O último gesto que abordaremos refere-se à manipulação incontrolada de objetos, tais como caneta, aliança, ou o próprio celular. Trata-se de um sinal que sugere aumento de ansiedade. É como se a testemunha procurasse aliviar sua tensão com a manipulação incessante do referido objeto. Ressaltamos, novamente, que essa conduta também deve ser evitada pelo entrevistador, pois, do mesmo modo que as anteriores, além de demonstrar impaciência, pode se converter em um elemento de distração nocivo para o declarante. A ilustração a seguir apresenta uma pessoa girando rapidamente uma caneta entre os dedos. Note-se que o mesmo gesto pode ocorrer com qualquer outro objeto, como chaveiros, brincos ou alianças, por exemplo.

LEMBRETE:
NÃO EXISTEM SINAIS UNIVERSAIS E ABSOLUTOS, CONSIDERE CADA GESTO OU MOVIMENTO APENAS COMO UM INDÍCIO.

12. ESTEJA PREPARADO PARA SITUAÇÕES INUSITADAS

Cada evento mental é causado pela intenção consciente ou inconsciente e é determinado pelos fatos que o precederam.
Sigmund Freud

Um bom entrevistador deve estar preparado para enfrentar situações inusitadas. Anteriormente, apresentamos algumas condutas que podem sugerir que a testemunha esteja tentando aliviar uma possível sobrecarga emocional. A seguir, abordaremos orientações sobre como o entrevistador deve proceder nos casos em que a testemunha adote comportamentos inusitados, tais como: permanecer em silêncio, demonstrar medo ao prestar a declaração ou mesmo confessar um crime durante o seu relato.

Imagine uma situação em que o declarante simplesmente interrompa, de forma abrupta, o seu relato. Esse comportamento pode resultar de diferentes motivos: nervosismo, desconfiança, medo de represálias... Diante desse cenário, no qual a testemunha cale-se, repentinamente, cessando a sua narrativa e mergulhando no silêncio, a primeira conduta que deve ser adotada pelo entrevistador é a de respeitar esse momento, que pode, inclusive, resultar de um esforço para recordar de algum aspecto específico em seu relato.

Contudo, caso a testemunha não retome o seu relato espontaneamente, o entrevistador deverá identificar se este silêncio decorre de uma questão pontual, relacionada a um determinado assunto, ou se é algo mais amplo, envolvendo toda a entrevista. Caso seja uma questão pontual, a testemunha pode estar se sentindo apreensiva, por exemplo, pelo fato de ter que relatar um evento constrangedor diante das câmeras ou mesmo de uma terceira pessoa que esteja na sala de entrevista, com a qual ela não tenha o mesmo vínculo de confiança que foi estabelecido com o entrevistador. Caso este tenha sido o motivo da interrupção do relato, o entrevistador deve pedir para que outras pessoas se retirem do local, ainda que momentaneamente, ou se oferecer para desligar a câmera durante este trecho do relato.

Contudo, caso a testemunha mostre-se relutante em colaborar com a entrevista em razão de um desentendimento pessoal com o entrevistador, seria mais conveniente reagendá-la para uma nova data, ou, até mesmo, sugerir que a atividade seja conduzida por outro profissional.

Faz-se necessário ressaltar que uma testemunha pode se aproveitar de um crime que realmente tenha ocorrido para acusar uma pessoa inocente, da qual ela deseje, por algum motivo, se vingar. Todavia, também pode ocorrer que um declarante, sentindo-se ameaçado e com medo de represálias, se veja obrigado a alterar o seu relato, de forma a proteger o verdadeiro autor de um crime. Ambas as situações prejudicariam o andamento das investigações. Caso suspeite de alguma dessas situações, o entrevistador poderá confrontar as declarações da testemunha com eventuais evidências que tenha sobre o caso. Importante destacar, nesse sentido, que qualquer confrontação deve ser feita de modo respeitoso, sob pena de se comprometer todo o trabalho de aproximação e conquista de confiança realizado ao longo da entrevista.

Ao suspeitar especificamente que uma testemunha esteja alterando o seu relato por medo de uma eventual represália, ou porque se sinta, de algum modo, ameaçada, o entrevistador deverá tranquilizá-la explicando-lhe que o conteúdo do seu relato será mantido em absoluto sigilo. O mais importante nessa situação é não prometer nada que não possa ser cumprido. Caso o entrevistador não esteja autorizado, por exemplo, a oferecer à testemunha proteção policial vinte e quatro horas por dia, ou a sua remoção para um local distante da residência do suposto ameaçador, isso não deverá ser proposto de forma alguma.

O terceiro aspecto que gostaríamos de abordar nesse tema refere-se a uma eventual confissão. Trata-se de uma situação bastante inusitada, pois, se uma pessoa foi convidada a prestar esclarecimentos sobre um determinado fato em uma entrevista investigativa, é porque, ao menos em tese, não existiam indícios de que ela fosse a autora do delito[20]. Nesse caso, o entrevistador deve, inicialmente, orientá-la sobre as consequências de uma eventual confissão. Insistindo o declarante em narrar o ocorrido, e confessar a sua participação em um crime, o entrevistador deverá tomar nota de toda a confissão e analisar o respaldo legal de que

---

20 Nesse sentido, ressaltamos que o procedimento mais adequado para a oitiva de suspeitos seria o interrogatório.

dispõe para lidar com a questão após o encerramento da entrevista. A depender do contexto, poderá ser necessário providenciar o encaminhamento da testemunha à autoridade policial.

Por fim, é sempre bom lembrar que uma entrevista mal conduzida pode levar o declarante a pensar que está sendo acusado de algo, incitando-o, inclusive, a confessar determinado crime. Isso pode ocorrer por uma série de motivos e envolve o estado emocional da testemunha e a sua relação com a vítima e com o criminoso. Embora uma confissão real possa contribuir para a elucidação de um crime, uma confissão falsa, que resulte em uma condenação equivocada, afetará não apenas a investigação, mas toda a sociedade de um modo geral.

> **LEMBRETE:**
> CONSIDERE, AO OBSERVAR A COMUNICAÇÃO NÃO VERBAL, QUE AS PESSOAS SÃO DIFERENTES E PODEM APRESENTAR RESPOSTAS EMOCIONAIS DIFERENTES.

13. PERMITA A NARRATIVA LIVRE DOS ACONTECIMENTOS

Narrar é talvez o estado humano mais parecido com a levitação.
Gabriel Garcia Márquez

Dentre os vários procedimentos que compõem uma entrevista investigativa, existe um – especificamente – que a define e caracteriza como tal: trata-se da narrativa livre dos fatos. Com efeito, se fosse preciso eleger um único aspecto capaz de representar a essência de uma entrevista investigativa, não há dúvida de que o aspecto escolhido seria esse.

Temos dito, em diversos pontos do Guia, que o objetivo da entrevista investigativa consiste em obter o relato mais completo e acurado possível. Se considerarmos que esse relato será resultante das memórias que vítimas e testemunhas guardem sobre eventos que por elas foram presenciados, não será difícil perceber a grande importância da narrativa livre, tendo em vista que é a partir deste procedimento que as lembranças são novamente reconstruídas e apresentadas na forma de uma declaração. Desse modo, não seria exagero algum afirmar que a narrativa livre representa o cerne de uma entrevista investigativa.

Ao contrário de outros métodos de interpelação, em que a testemunha é constantemente interrompida enquanto fornece o seu relato, muitas vezes antes mesmo de poder completar a sua resposta, na entrevista investigativa confere-se a ela o tempo que for necessário. Desse modo, durante a narrativa livre, o controle da entrevista é efetivamente transferido para o declarante. De fato, após iniciado o relato dos acontecimentos, a determinação do momento em que este procedimento será encerrado não caberá mais ao entrevistador, mas sim ao próprio declarante.

A narrativa livre também não comporta direcionamento do que deve ser dito pela testemunha. Portanto, perguntas do tipo: fale-me mais sobre isso ou esclareça-me melhor esse ponto, não deverão ser feitas neste momento da entrevista. A ordem e a forma com que os assuntos serão abordados na narrativa livre serão definidas exclusivamente pela testemunha. É óbvio que, durante o relato que está sendo apresentado de forma livre e espontânea, podem surgir pontos que o entrevistador sinta a necessidade de aprofundar ou esclarecer, seja porque foram expressos de forma ambígua (permitindo mais de uma interpretação) ou mesmo porque ficaram obscuros (dificultando uma interpretação clara por parte do ouvinte). Em qualquer desses casos, a dúvida do entrevistador deverá ser anotada para que seja esclarecida oportunamente, em momento posterior, destinado aos questionamentos, e não durante o tempo em que a narrativa livre estiver sendo realizada. Fica clara, desse modo, a diferença que existe entre uma entrevista investigativa, na qual a testemunha é incitada a realizar a livre narrativa dos eventos presenciados, e um interrogatório, no qual o depoente é sistematicamente questionado e instigado a responder, de forma objetiva e direta, as perguntas que a ele forem direcionadas.

Uma dúvida muito comum dos profissionais que começam a trilhar os caminhos da entrevista investigativa, e também de outros que já se dedicam há algum tempo a essa atividade, é justamente essa: como incentivar a testemunha a fazer uma narrativa livre? Apresentaremos, a seguir, algumas orientações nesse sentido, deixando claro que somente com a prática o entrevistador desenvolverá todas as habilidades necessárias para deixar a testemunha à vontade para a execução deste procedimento.

Inicialmente, antes mesmo de solicitar que a testemunha faça a narrativa livre dos fatos e acontecimentos que tenha a declarar, é extremamente importante solicitar que ela realize o que chamamos de recriação mental do contexto. Diversos estudos conduzidos no âmbito da Psicologia Cognitiva assinalam que a reconstrução de memórias, a partir da recontextualização dos fatos vivenciados originalmente, tende a apresentar melhores resultados do que outras técnicas que não observem este procedimento. Em um interessante experimento, Godden e Baddeley (1975) apresentaram um conjunto de palavras a diversos mergulhadores. Alguns destes vocábulos foram mostrados a eles debaixo d'água, e outros, quando estavam em terra. Posteriormente, os mergulhadores foram instados a recordar as palavras que haviam aprendido quando estavam submersos. Os resultados obtidos demonstraram que o índice de recordação era, em média, 50% maior quando os mergulhadores voltavam ao mesmo ambiente em que os termos lhes foram apresentados. Embora os pesquisadores tenham se utilizado, na realidade, de uma recriação física do contexto (solicitaram que os voluntários mergulhassem novamente para que tentassem se recordar das palavras que haviam aprendido quando estavam debaixo d'água) sabe-se que efeitos semelhantes podem ser obtidos ao se realizar uma recriação meramente mental do contexto vivenciado pelas testemunhas.

Para ilustrar como apenas a recriação mental do contexto pode surtir efeitos semelhantes aos que foram identificados no experimento com os mergulhadores, gostaríamos de propor a você, caro leitor, um exercício que, embora seja simples, também é muito didático. Talvez alguns de vocês já tenham passado pela angustiante sensação de perder um objeto importante, quem sabe os óculos ou a chave do carro. De fato, há pessoas que já perderam inclusive o próprio carro (na verdade esqueceram onde haviam estacionado). Pois bem, caso isso aconteça com algum de vocês, experimente realizar o seguinte exercício: feche os olhos por um instante e retorne no tempo para a última coisa que você se recorda, antes de dar falta do objeto que procura. Feito isso, avance passo a passo, evocando em sua mente a sequência de fatos que aconteceram desde aquele instante. Perceba as suas recordações da forma mais nítida que puder. Lembre-se das suas ações, das pessoas que viu e das conversas que teve. Continue avançando em suas recordações e, provavelmente, nesse fluxo de memórias, você se lembrará também do lugar em que guardou o objeto que procura.

De fato, esta técnica mostra-se útil não apenas na entrevista investigativa, mas também em nossa vida pessoal. Em uma situação recente, em que um dos autores deste livro não localizava as chaves do seu carro, mas precisava sair com urgência para uma reunião de trabalho, ele as encontrou após fechar os olhos e recordar do momento em que havia entrado em sua casa (geralmente, após entrar, ele colocava as chaves no armário da sala). Concentrando-se, logo se recordou que nesse dia, assim que abriu a porta, ouviu sua esposa lhe chamar. Ao mentalizar o exato instante em que entrou em casa, conseguiu ouvir nitidamente a voz de sua esposa, que estava na cozinha, preparando um prato especial para o almoço. Esta técnica é tão efetiva que ele sentiu, durante sua recordação, o aroma do tempero, e lembrou que ela lhe pediu para experimentar o sabor. Lembrou-se, em seguida, de ter provado a comida e de ter dito que estava maravilhoso. Recordou-se de ter ficado por um tempo na cozinha, e então... De uma forma repentina, brotou em sua mente a lembrança vívida do momento em que havia deixado as chaves do carro sobre o armário! E elas, de fato, estavam lá.

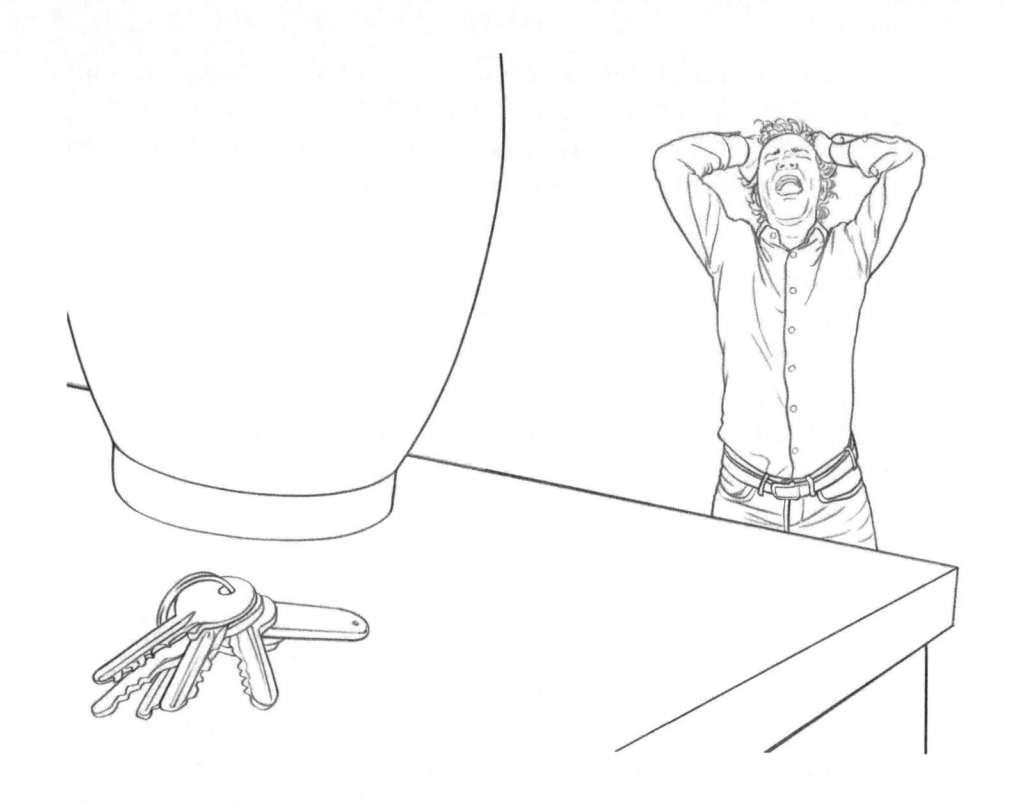

Com o exemplo acima, de uma situação real recentemente vivenciada por um dos autores, pretendemos demonstrar ao leitor o quão poderosa e efetiva pode ser a recriação mental do contexto para a recuperação de registros de memória que não estejam facilmente acessíveis ao declarante. Desse modo, antes mesmo de solicitar à testemunha que inicie a narrativa livre, convém pedir-lhe que recrie mentalmente o contexto em que aconteceram os fatos que ela passará a narrar a seguir. Não existe um método único e específico para isso. Embora cada entrevistador costume adotar um procedimento mais ou menos particular para realizar esta tarefa, apresentaremos a seguir o recorte de um diálogo, adaptado de uma entrevista real, recentemente realizada por um dos autores, para que se possa visualizar, de um modo geral, como efetuar este procedimento:

Investigador	(nome da testemunha), antes que você inicie o seu relato, eu gostaria de convidá-la a fazer um pequeno exercício. É bem rápido e existem vários estudos indicando que ele pode ajudar muito na recordação de eventos passados. Vamos tentar?
Testemunha	Sim, vamos experimentar.
Investigador	Ok! Então (nome da testemunha), caso você se sinta à vontade, pode ficar de olhos fechados. Mas se não quiser fechar, não tem problema...

O entrevistador deve observar nesse momento se o declarante fecha ou não os olhos. Embora a recriação mental do contexto até possa ser feita com a testemunha de olhos abertos, o fato de que ela tenha confiado nele e atendido ao seu pedido já indica que ambos atingiram um bom nível no estabelecimento do rapport.

Testemunha	Tudo bem.
Investigador	Agora (nome da testemunha), eu vou pedir a você que se concentre e retorne no tempo para o dia em que (cite aqui o fato que esteja sendo investigado).

Faça uma pequena pausa (não é necessário mais que alguns segundos), e depois continue:

Investigador	Recorde o que você estava fazendo naquele momento.

Faça outra pausa, e depois continue:

Investigador	Lembre-se das pessoas que estavam naquele local.

Faça uma nova pausa, e depois prossiga:

Investigador	Deixe que toda a cena se forme em sua mente.

Faça novamente uma pausa, e depois continue:

Investigador	Lembre-se de tudo o que você observou naquele momento.

Faça outra pausa, e depois prossiga:

Investigador	Recorde o que as pessoas estavam fazendo.

Faça uma nova pausa, e depois continue:

Investigador	Recorde também o que você estava pensando naquele momento.

Espere mais alguns segundos e diga para a testemunha:

Investigador	(nome da testemunha), quando você achar que essas memórias já estão claras em sua mente, me avise para que possamos começar o seu relato.

Note-se que o entrevistador não pode pressionar a testemunha, muito pelo contrário, ele deve respeitar o tempo dela. Uma recriação mental do contexto, quando bem realizada, irá refletir diretamente no momento seguinte da entrevista, em que ocorrerá a narrativa livre propriamente dita.

Assim que a testemunha sinalizar, indicando ao entrevistador que já se sente apta a iniciar o relato dos eventos que foram presenciados, ele deverá dizer a ela:

Investigador	Muito bem, (nome da testemunha)! Agora eu gostaria que você me relatasse absolutamente tudo o que se recorda sobre (cite aqui o fato que seja objeto da investigação). Nós não temos pressa, você pode utilizar o tempo que for necessário para isso.
Testemunha	Ok.
Investigador	(nome da testemunha), é muito importante que você relate todos os detalhes que possa se recordar, ainda que para você pareçam sem importância ou insignificantes. Eu não vou te perguntar nada... Então, tudo o que vier a sua mente, você deve falar. Não espere que eu te pergunte, porque eu ficarei apenas te ouvindo durante o relato.
Testemunha	Ok!
Investigador	(nome da testemunha), também é muito importante que você não se sinta obrigada a falar de algum detalhe que não se recorde. Caso você não se recorde ou desconheça algum ponto específico, basta dizer que não se lembra ou que não sabe, tudo bem?
Testemunha	Sim!
Investigador	Então, você pode começar a falar. Conte-me tudo o que você se recorda sobre (cite aqui o fato que seja objeto da investigação).

Particularmente, ao dizer essa última frase, costumamos sempre apontar as duas mãos em direção à testemunha, indicando com esse gesto que estamos transferindo a palavra para ela nesse momento. É neste ponto que, efetivamente, se iniciará a narrativa livre. Contudo, antes de entrarmos especificamente na dinâmica relacionada a este procedimento, cremos que seja oportuno dedicarmos algumas linhas para explicar as frases acima, as quais foram utilizadas para apresentar ao declarante a postura que deve ser adotada por ele durante o relato.

Note-se que, logo de início, a testemunha foi expressamente comunicada de que não há hora para encerrar a entrevista e que o controle do tempo dependerá efetivamente dela. Essa ressalva é fundamental, e deve ser feita antes que o declarante inicie o seu relato. Lembre-se sempre que, por mais que você pesquise sobre a pessoa que irá entrevistar, nunca conhecerá na totalidade o que ela pensa ou sente. Saiba que muitas pessoas, principalmente (mas não apenas) as mais humildes, verão no profissional que conduz a entrevista alguém extremamente importante e atarefado, que não tem tempo a perder ouvindo detalhes superficiais e sem importância, e que, em muitos casos, só as convidou a prestar declarações para cumprir uma mera formalidade. Então, diante deste cenário, quanto mais objetiva, sucinta e compacta for a declaração delas, melhor... Por se considerarem menos importantes, tendem a prestar declarações curtíssimas, e a omitir uma série de detalhes, simplesmente para não gastar desnecessariamente o tempo do entrevistador. Por isso, é importante que se diga a elas:

> *- Muito bem, (nome da testemunha)! Então agora eu gostaria que você me relatasse absolutamente tudo o que se recorda sobre (cite aqui o fato que seja objeto da investigação).* **Nós não temos pressa, você pode utilizar o tempo que for necessário para isso.**

A frase seguinte também cumpre um importante papel: dizer de forma clara e expressa para a testemunha que tudo, absolutamente tudo, importa na investigação. Essa ressalva (que assim como as demais deve ser dita em todos os casos) é fundamental quando o declarante quer se colocar no lugar do investigador, e quer decidir, por conta própria, o que importa e o que não importa para a elucidação do caso em questão. Imagine, por exemplo, uma situação em que a testemunha não mencione em seu relato o fato de que um dos criminosos fumava incessantemente e sempre jogava as guimbas de cigarro por uma das janelas da casa, apenas porque considere essa informação irrelevante para a elucidação de um sequestro. Todavia, esse pequeno detalhe, omitido em sua declaração, poderia resultar na obtenção de uma prova material que comprovasse a presença do perpetrador no local do crime. Diante desse cenário, é altamente recomendável que o entrevistador diga ao declarante:

> - *(nome da testemunha)*, **é muito importante que você relate todos os detalhes que possa se recordar, ainda que para você pareçam sem importância ou insignificantes.** *Eu não vou te perguntar nada... Então, tudo o que vier a sua mente, você deve falar. Não espere que eu te pergunte, porque eu ficarei apenas te ouvindo durante o relato.*

Temos, por fim, uma terceira recomendação, a qual se destina a advertir a testemunha de que ela não deve inserir conjecturas em seu relato. Reiteramos aqui que um dos principais objetivos da entrevista investigativa é a obtenção de um relato completo (que englobe todas as recordações) e acurado (descrito com precisão), e que reflita em grande medida aquilo que o declarante realmente presenciou, e não o que ele acha que tenha motivado esse acontecimento... Isso é muito importante! Deve ser explicado de forma clara para a testemunha que ao entrevistador não interessam suposições sobre aquele assunto (ou seja, a opinião da testemunha sobre o que possa ter acontecido), mas sim o que ela efetivamente se recorda sobre o caso (ou seja, o que ela percebeu e registrou em sua memória). Portanto, a seguinte frase também deve ser dita ao declarante:

> - *Também é muito importante (nome da testemunha) que você* **não se sinta obrigada a falar de algum detalhe que não se recorde.** *Caso você não se recorde ou desconheça algum ponto específico, basta dizer que não se lembra ou que não sabe, tudo bem?*

Após essas três importantes ressalvas, inicia-se então a narrativa livre propriamente dita, e uma série de recomendações devem ser observadas na condução deste procedimento, o qual é vital para o êxito da entrevista investigativa.

Em primeiro lugar, é imperioso que se recorde aos entrevistadores que durante esse procedimento eles devem permanecer calados. A postura ideal a ser adotada é a escuta ativa, ou seja, demonstrar o máximo de interesse e atenção pelo que é dito pela testemunha, e não a interrompê-la em hipótese alguma durante o seu relato.

Alguns profissionais, ainda com pouca experiência na área da entrevista investigativa, dizem, equivocadamente, que durante a narrativa livre o entrevistador nada faz. Essa afirmação, que lamentavelmente ainda é ensinada em algumas academias, em nada reflete a verdadeira postura do investigador nesse momento. Ao contrário do que pensam esses profissionais, o entrevistador atua intensamente enquanto a testemunha estiver prestando o seu relato. Busca-se, ao máximo, realizar qualquer tipo de interrupção que possa comprometer o fluxo verbal do declarante. A atuação do entrevistador nesse momento ocorrerá quase que exclusivamente através da utilização de elementos não verbais.

Desse modo, é fundamental que o entrevistador observe atentamente os movimentos e o posicionamento do próprio corpo. Uma postura desleixada, por exemplo, com o corpo escorregando pela cadeira, ou ainda apoiando o queixo com uma das mãos sobre a mesa, em nada irá contribuir para demonstrar interesse pelo que a testemunha esteja declarando. O ideal é que o seu corpo esteja voltado, e até mesmo com uma leve inclinação, em direção ao corpo do declarante. O contato ocular deve ser mantido, mas não de uma forma que possa constranger a testemunha. Se perceber que isso esteja ocorrendo, ele deve direcionar o olhar para outro ponto, de forma a deixá-la mais confortável para continuar com sua declaração.

Saiba que o relato não será contínuo. Haverá momentos em que a testemunha se calará. Não se sinta desconfortável com isso. Saiba respeitar o tempo de retomada do relato e utilizar esse intervalo a seu favor (muitas vezes um instante de pausa será seguido por novas e importantes recordações). Portanto, resista à tentação de quebrar esse silêncio.

Durante todo o tempo em que a narrativa livre durar você deve acompanhar o que o declarante diz, e pode demonstrar que faz isso sem dizer uma única palavra, basta assentir afirmativamente com a cabeça ou utilizar algum recurso de paralinguagem. Eventualmente, diante de uma pausa mais demorada, você também pode estimulá-lo a voltar a falar utilizando frases curtas, como, por exemplo: *E depois?... O que aconteceu a seguir?* O mais importante é que você, enquanto entrevistador, não interrompa o declarante em momento algum, pois isso pode comprometer todo o esforço feito por ele para acessar e verbalizar os registros de memória referentes aos eventos que sejam objeto da investigação. De fato, a narrativa livre somente se encerrará quando após um momento de silêncio e diante da pergunta: *Haveria mais alguma coisa que você gostaria de dizer a respeito desse assunto?...* A testemunha finalmente responda: Não. *Eu não tenho mais nada a dizer sobre isso.*

> **LEMBRETE:**
> A NARRATIVA LIVRE É O PROCEDIMENTO MAIS IMPORTANTE DE UMA ENTREVISTA INVESTIGATIVA. É ELA QUE A CARACTERIZA E DEFINE COMO TAL.

14. AUXILIE NA RECUPERAÇÃO DE MEMÓRIAS

Fisicamente, habitamos um espaço, mas, sentimentalmente, somos habitados por uma memória.
José Saramago

No tema anterior destacamos alguns procedimentos para a realização da recriação mental do contexto e da narrativa livre, no intuito de apresentar ao leitor aquelas que consideramos como as melhores práticas para facilitar o relato por parte da testemunha. Mais adiante, também descreveremos os diferentes tipos de perguntas e as principais estratégias de questionamento, para que você, caro leitor, tenha em suas mãos as ferramentas necessárias para conduzir a entrevista da forma correta. Pode acontecer, contudo, que mesmo após a narrativa livre e a realização dos questionamentos, alguns pontos, fundamentais para a elucidação do objeto da investigação, ainda permaneçam sem uma resposta adequada, e necessitem, portanto, de uma abordagem mais direcionada e pontual. É sobre esse assunto que trataremos a seguir.

Em primeiro lugar, e isso é muito importante, o entrevistador deve estar ciente de que talvez a testemunha simplesmente não tenha toda a informação que ele deseja receber. Em outros tempos, quando os procedimentos de entrevista investigativa eram executados com foco no entrevistador, esperava-se que a testemunha esclarecesse tudo o que ele desejava saber sobre o fato em apuração, o que em muitos casos resultava em um relato construído a partir de suposições. Nos últimos anos, contudo, esse entendimento foi se transformando. Atualmente, o foco da entrevista investigativa recai sobre a própria testemunha, e o que se espera é que ela seja capaz de dizer tudo aquilo que se recorda sobre o assunto, e isso nem sempre corresponde ao que o entrevistador deseja saber.

Outra ressalva importante que precisamos fazer quanto a esse aspecto, é que existem dois motivos principais que podem levar uma testemunha a não conseguir se recordar de memórias referentes a um determinado fato que ela efetivamente tenha presenciado, são eles:

indisponibilidade e inacessibilidade. A indisponibilidade ocorre quando aqueles registros de memória já não existem mais, o que poderia acontecer, por exemplo, em razão de um trauma que tenha afetado a região do seu cérebro responsável pelo armazenamento dessas informações. Já a inacessibilidade, por outro lado, corresponde àquelas situações em que os registros de memória ainda existem, mas a testemunha simplesmente não consegue acessá-los. Diferentemente do primeiro caso (indisponibilidade), em que não há nada que possa ser feito pelo entrevistador, pois as memórias efetivamente não existem mais, no segundo caso (inacessibilidade) – que para a nossa sorte é o que ocorre com maior frequência – existem algumas estratégias que podem auxiliar o declarante no processo de encontrar novos caminhos que o conduzam a essas memórias.

Inicialmente, gostaríamos de convidar o leitor a observar a imagem a seguir. Perceba que diversos caminhos (representados no mapa pelas retas tracejadas) levam ao baú do tesouro. De fato, alguns são mais longos e outros são mais curtos. Enquanto alguns nos obrigam a passar por montanhas, outros nos conduzem através de florestas. Mas todos os caminhos, ao menos potencialmente, levam-nos ao baú do tesouro. Pois bem, o que pretendemos demonstrar com esta imagem (que é uma metáfora da forma como funciona a nossa memória) é que mesmo que um determinado registro esteja efetivamente inacessível pelo trajeto usualmente utilizado, ele poderá ser alcançado por um percurso diferente. E o nosso papel, em uma entrevista investigativa, será precisamente auxiliar a testemunha a vasculhar o "mapa da sua mente" em busca deste novo caminho a percorrer.

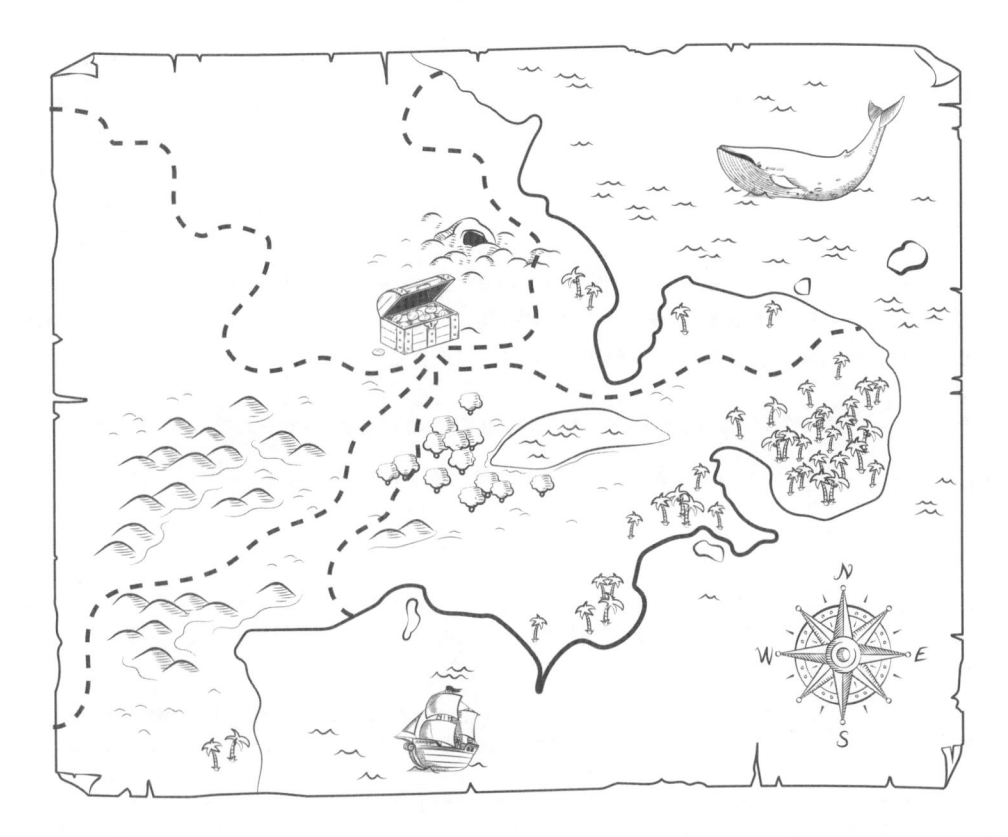

Quando queremos nos concentrar para recordar de algum evento específico, em nossa vida cotidiana, quase que intuitivamente buscamos um ambiente silencioso e fechamos os olhos para que possamos resgatar essas lembranças. Do mesmo modo, as estratégias para recuperação de memórias também serão potencializadas se ocorrerem em um local tranquilo, onde não haja barulho ou outros elementos de distração, características estas que, de um modo geral, são desejáveis durante todo o período de execução da entrevista investigativa.

O primeiro procedimento a ser adotado pelo entrevistador é convidar o declarante a executar novamente a recriação mental do contexto, só que, desta vez, direcionada especificamente para o registro de memória que se deseja acessar. Por exemplo, suponhamos que seja uma entrevista sobre um latrocínio (roubo seguido de morte). A testemunha presenciou todo o evento, e durante a sua narrativa livre descreveu a dinâmica dos acontecimentos. Em seu relato, ela posicionou os criminosos na cena do crime e identificou qual deles efetuou os disparos. Antes de finalizar a sua narrativa, a testemunha informou que os criminosos empreenderam fuga em um veículo que estava estacionado do outro lado da rua, em frente ao local em que o delito ocorreu. Em outro momento da entrevista[21], durante a realização dos questionamentos, o investigador decide perguntar para a testemunha sobre as características desse veículo, que foi utilizado pelos criminosos em sua fuga, e não descrito em detalhes por ela em seu relato. Diante dessa pergunta, o declarante informa não se recordar de mais detalhes a respeito do carro utilizado na fuga. Caso o entrevistador julgue que esta seja uma informação importante, e que a testemunha ainda possa colaborar com mais algum detalhe, ele poderá proceder da seguinte maneira:

ESTRATÉGIA PARA A RECUPERAÇÃO DE MEMÓRIAS	
Investigador	(nome da testemunha), eu gostaria que você se concentrasse novamente no momento em que os criminosos fugiram...
Testemunha	Tudo bem.
Investigador	Certo! (nome da testemunha), se você estiver à vontade, vou pedir que feche os olhos outra vez.
Testemunha	Ok!
Investigador	(nome da testemunha), a partir de agora, escute apenas a minha voz e siga as minhas instruções. Confirme com a cabeça caso tenha entendido o que eu disse.

Após obter a confirmação da testemunha, a partir de um consentimento com a cabeça, de que ela tenha entendido todas as instruções, o entrevistador deve prosseguir, conduzindo a entrevista da seguinte maneira[22], sempre com um intervalo de alguns segundos entre cada uma das instruções:

---

21 Lembramos, aqui, que durante a narrativa livre o entrevistador não deve, em hipótese alguma, interromper o relato feito pela testemunha. Desse modo, eventuais questionamentos sobre fatos narrados serão feitos posteriormente, em momento oportuno.

22 As instruções que constam em todos os quadros são meramente ilustrativas e referem-se a um suposto caso de latrocínio ocorrido em um estabelecimento comercial. Evidentemente, as instruções formuladas pelo entrevistador, nesse momento da entrevista, resultarão dos detalhes anteriormente narrados pela testemunha sobre o caso concreto.

ESTRATÉGIA PARA A RECUPERAÇÃO DE MEMÓRIAS	
Investigador	Concentre-se no que você viu no momento em que os criminosos saíram do local.
Testemunha	Permanece em silêncio.
Investigador	Recrie em sua mente toda a cena que você presenciou.
Testemunha	Permanece em silêncio.
Investigador	Visualize os detalhes do local.
Testemunha	Permanece em silêncio.
Investigador	Visualize as pessoas que estavam no local.
Testemunha	Permanece em silêncio.
Investigador	Lembre-se dos sons que você ouviu.
Testemunha	Permanece em silêncio.
Investigador	Lembre-se do que você fez logo em seguida.
Testemunha	Permanece em silêncio.
Investigador	Recorde-se do caminho que você percorreu até a porta.
Testemunha	Permanece em silêncio.
Investigador	Recrie esse caminho em sua mente.
Testemunha	Permanece em silêncio.
Investigador	Recorde-se do momento em que você chegou à porta.
Testemunha	Permanece em silêncio.
Investigador	Lembre-se do momento em que eles entraram no carro.
Testemunha	Permanece em silêncio.
Investigador	Muito bem, (nome da testemunha). Agora eu vou pedir que você descreva, da melhor maneira possível, o veículo utilizado pelos bandidos durante a fuga.
Testemunha	Agora eu me recordo! Eles fugiram em um carro...

Outra estratégia, que também pode ser utilizada pelo entrevistador, consiste em solicitar à testemunha que relate novamente o evento, só que, desta vez, na ordem inversa daquela em que ele tenha sido narrado anteriormente.

Embora essa solicitação para que o declarante efetue o seu relato na ordem inversa seja, muitas vezes, apresentada como uma ferramenta para a detecção de mentiras[23], esse procedimento (originalmente desenvolvido no âmbito da entrevista cognitiva) destina-se, na realidade, a aumentar a demanda cognitiva da testemunha, forçando-a a se concentrar ainda mais nos eventos que foram vivenciados e, dessa forma, facilitar o acesso a novos registros de memória que ainda não tenham sido evocados por ela. Vejamos como seria conduzida essa estratégia com o mesmo exemplo utilizado anteriormente (necessidade de mais detalhes sobre o veículo utilizado pelos criminosos durante a fuga):

ESTRATÉGIA PARA A RECUPERAÇÃO DE MEMÓRIAS	
Investigador	(nome da testemunha), existe um exercício simples que pode nos ajudar a recuperar mais algumas memórias sobre esse evento. Você gostaria de experimentar?
Testemunha	Sim. Gostaria!
Investigador	Muito bem, (nome da testemunha)! Se você estiver à vontade, vou pedir que feche os olhos outra vez.
Testemunha	Ok!
Investigador	(nome da testemunha), agora eu vou pedir que você se concentre bem e, mantendo os seus olhos fechados, me faça novamente esse relato, começando pela última imagem de que se recorda, e depois voltando pouco a pouco, até chegar no momento em que tudo começou. Não tenha pressa, você pode utilizar o tempo que for necessário para fazer esse exercício.

Observe que, mesmo nesse exemplo, em que a informação que precisa ser recordada (o veículo utilizado pelos criminosos durante a fuga) esteja no final do relato, o declarante iniciaria pela última memória que tenha sobre o evento e, pouco a pouco, retornaria até chegar ao início de sua narrativa novamente. Como o acesso aos novos registros de memória ocorre de maneira associativa e aleatória, espera-se que, mediante o maior esforço cognitivo que esta solicitação lhe demandaria, algum outro elemento da narrativa o remeteria para uma descrição mais detalhada desse veículo.

---

23   Embora seja comum a apresentação desse procedimento como uma ferramenta para a detecção de mentiras, esse entendimento é superficial e, em larga medida, incorreto. De fato, o aumento da carga cognitiva pode até levar o declarante (caso ele esteja mentindo) a cometer algum tipo de vazamento, seja de natureza verbal ou não verbal. Contudo, conforme explicado acima, esse não é o verdadeiro propósito pelo qual utilizamos este procedimento no contexto da entrevista investigativa.

Uma terceira estratégia que gostaríamos de apresentar, e que também foi originalmente desenvolvida no âmbito da entrevista cognitiva, é a mudança de perspectiva. Neste procedimento, o entrevistador solicita à testemunha que relate o que outra pessoa[24], que estivesse em um ponto diferente do local onde ocorreu o crime (ou até mesmo fora dele) teria visto. Os efeitos provocados pela mudança de perspectiva são semelhantes aos já apontados para o relato em ordem inversa. Ou seja, para que o declarante possa descrever o que uma pessoa teria observado do evento narrado, a partir de outro ângulo de visualização, ele precisará concentrar-se ainda mais na dinâmica dos acontecimentos e na disposição dos elementos que compõem a cena do crime. Todo esse esforço, seguramente, fará com que ele aumente o seu grau de concentração, o que, por sua vez, poderá facilitar o acesso a novos registros de memória.

Existe um aspecto adicional em relação à recuperação de memórias, por meio da mudança de perspectiva, que consideramos importante ressaltar. Em alguns casos, como, por exemplo, em situações de abuso sexual, pode ser por demais constrangedor para a testemunha[25] relatar novamente o que tenha ocorrido. De fato, tal solicitação poderia expô-la a um estado de revitimização, o qual deve ser evitado a todo custo pelo entrevistador, em razão do trauma que poderia causar. Nestas situações, a solicitação de que a testemunha relate os acontecimentos pelo olhar de uma 3ª pessoa pode ser a forma mais adequada para a própria narrativa livre, pois evitaria a sua revivesse emoções indesejadas. Vejamos como seria conduzida essa estratégia com o mesmo exemplo citado anteriormente (necessidade de mais detalhes sobre o veículo utilizado pelos criminosos durante a fuga)[26]:

---

24   *Essa pessoa não precisa existir de fato. Trata-se de criar um figura hipotética, com o único objetivo de provocar maior esforço cognitivo por parte da testemunha.*

25   *Consideramos aqui, inclusive, a hipótese de que o testemunho esteja sendo apresentado pela própria vítima do abuso.*

26   *Reiteramos que as instruções que constam em todos os quadros são meramente ilustrativas e referem-se a um suposto caso de latrocínio ocorrido em um estabelecimento comercial. Evidentemente, os comandos formulados pelo entrevistador, nesse momento da entrevista, resultarão dos detalhes anteriormente narrados pela testemunha sobre o caso concreto.*

ESTRATÉGIA PARA A RECUPERAÇÃO DE MEMÓRIAS	
Investigador	(nome da testemunha), existe um exercício simples que pode nos ajudar a recuperar mais algumas memórias sobre esse evento. Você gostaria de experimentar?
Testemunha	Sim. Gostaria!
Investigador	Muito bem, (nome da testemunha)! Se você estiver à vontade, vou pedir que feche os olhos outra vez.
Testemunha	Ok!
Investigador	(nome da testemunha), agora eu vou pedir que você se concentre bem e, mantendo os seus olhos fechados, me diga o que uma outra pessoa, que estivesse posicionada do lado de fora do estabelecimento teria observado, desde o momento em que os bandidos entraram até o instante em que eles fugiram do local.

Por fim, gostaríamos de ressaltar que qualquer que tenha sido a estratégia adotada pelo entrevistador, ela somente deve ser aplicada mediante o expresso consentimento da testemunha, e uma única vez. Ou seja, se após a realização do procedimento os registros de memória desejados não forem evocados, não é aconselhável que a testemunha seja exposta a este procedimento novamente. Este tipo de dinâmica demanda uma alta carga cognitiva para a sua execução, de modo que a sua repetição torna-se estressante e contraprodutiva.

LEMBRETE:
NOSSA MEMÓRIA NÃO FUNCIONA DA MESMA FORMA QUE UMA FILMADORA, OU SEJA, ELA NÃO É CAPAZ DE REPRODUZIR, A QUALQUER MOMENTO, TUDO O QUE TENHA GRAVADO ANTERIORMENTE. AS ESTRATÉGIAS DE RECUPERAÇÃO PODEM NOS AUXILIAR NA BUSCA POR REGISTROS DE MEMÓRIA QUE AINDA NÃO TENHAM SIDO EVOCADOS PELA TESTEMUNHA.

15. UTILIZE CORRETAMENTE AS EVIDÊNCIAS

Se você tiver de provar que merece seu crédito, ele já desapareceu.
Walter Bagehot

Embora a entrevista seja um dos primeiros procedimentos adotados em uma investigação, em alguns casos já existem evidências coletadas sobre o fato em apuração. O uso dessas evidências obtidas previamente, no contexto de uma entrevista, deve ser feito com cautela, e observando regras específicas. Veremos, a seguir, alguns aspectos relacionados a essa questão.

Primeiramente, devemos salientar que é altamente desaconselhável apresentar, logo no início da entrevista, eventuais evidências que se disponha sobre o caso em apuração. Por outro lado, o entrevistador deve buscar conhecer ao máximo as evidências disponíveis, pois isso facilitará a elaboração de perguntas e contribuirá para uma eventual recuperação de memórias por parte da testemunha. O levantamento das evidências disponíveis deve ser feito durante o planejamento da entrevista, de forma simultânea à coleta de dados sobre a testemunha. Quanto mais conhecimento o entrevistador tenha sobre o caso que esteja sendo apurado e sobre a testemunha que irá prestar sua declaração, maior será a sua probabilidade de êxito na entrevista. Deve-se ter cuidado, contudo, para que a ciência prévia das evidências não se transforme em um fator de contaminação da entrevista, pois, de posse delas e enviesado por conclusões precipitadas sobre o que tenha ocorrido, o entrevistador pode deixar transparecer opiniões pessoais que venham a influenciar o relato da testemunha.

Ao ouvir a declaração, ou mesmo uma resposta apresentada ante a um questionamento específico, pode ocorrer que o entrevistador perceba incoerências em relação ao que já se sabe sobre o caso, com base em evidências previamente obtidas. Importante destacar, quanto a esse aspecto, que tais divergências não podem ser prontamente interpretadas como mentiras, uma vez que podem resultar de mero esquecimento, e até mesmo de uma percepção distorcida dos eventos que foram presenciados. Independentemente das evidências que se disponha, o entrevistador deve receber qualquer informação, por mais incoerente que pareça, da mesma forma que todas as outras informações repassadas pela testemunha, ou seja, sempre demonstrando muita atenção e interesse pelo que é declarado. Mesmo que a versão apresentada pelo declarante em seu relato contrarie o que se saiba sobre os fatos a partir de evidências obtidas, o entrevistador deve ter em mente que esse não é o momento correto para questioná-lo a respeito de tais divergências.

Especificamente em relação ao uso de evidências, existem dois aspectos principais que devem ser esclarecidas aos entrevistadores: quando e como as evidências serão utilizadas em uma entrevista investigativa.

Com relação ao "quando" (aspecto temporal), ou seja, ao momento adequado para que a evidência seja apresentada no curso da entrevista, não há uma resposta que seja simples e definitiva. O importante é, sempre, considerar a sua existência e potencial utilização, desde a elaboração do planejamento. Em princípio, as evidências poderiam ser empregadas durante o questionamento da testemunha ou, até mesmo, em apoio a uma eventual estratégia para a recuperação de memórias.

Já no que diz respeito ao "como" (aspecto circunstancial), ou seja, ao modo pelo qual a evidência será apresentada à testemunha, existem basicamente dois procedimentos que podem ser adotados. O primeiro deles é a apresentação direta, na qual o entrevistador entrega a ela uma fotografia, uma carta, uma gravação, ou qualquer outro objeto relacionado ao evento que esteja sendo apurado. Em alguns contextos, contudo, a apresentação direta pode parecer confrontacional e desconfortável para a testemunha. Sugere-se, portanto, que essa modalidade seja empregada com cautela e apenas nos casos em que não for constranger a testemunha. O segundo procedimento que pode ser utilizado é a apresentação da evidência de forma indireta ou sutil. Em alguns casos esse procedimento pode ser o mais adequado para se evitar que a testemunha se sinta constrangida.

Imagine a seguinte situação: durante o seu relato, uma testemunha descreve a cena onde ocorreu um delito, e menciona com exatidão o nome de todas as pessoas que estavam no local, com exceção de uma. O investigador, contudo, dispõe de uma imagem que comprova a presença dessa outra pessoa no local. Esta evidência sugere que o relato da testemunha não esteja completo. Uma opção, diante de tal situação, seria o entrevistador mostrar a imagem diretamente à testemunha, o que poderia lhe deixar constrangida, e inclusive criar uma barreira entre ambos. Outra alternativa seria, de forma discreta, deixar à vista da testemunha uma fotografia na qual fosse possível ver a imagem de todas as pessoas presentes no local. Nesse momento, seria conveniente oferecer-se, estrategicamente, para buscar um copo com água fora da sala. Esses preciosos instantes permitiriam ao declarante ver a imagem com as pessoas presentes no local e, oportunamente, retificar o conteúdo de sua declaração. Evidentemente que, neste caso, o entrevistador deverá se perguntar também sobre os motivos pelos quais a testemunha não lhe revelou, em um primeiro momento, a presença desta outra pessoa no local do crime.

Por fim, cabe ressaltar que o entrevistador deverá sempre adotar todos os cuidados necessários para evitar que a apresentação de uma eventual evidência não se converta em mais um fator de contaminação para a entrevista.

> **LEMBRETE:**
> *EVENTUAIS DIVERGÊNCIAS IDENTIFICADAS EM DECLARAÇÕES DE TESTEMUNHAS DIFERENTES, OU EM RELATOS DE UMA MESMA TESTEMUNHA, TOMADOS EM MOMENTOS DIFERENTES, NÃO IMPLICAM NECESSARIAMENTE EM MENTIRAS.*

16. NÃO ACREDITE NO MITO DO NARIZ DE PINÓQUIO

Quem se encontra empenhado em uma controvérsia preocupa-se tanto com a verdade quanto o caçador se preocupa com a lebre.
Alexander Pope

É importante, neste momento, dedicarmos algumas linhas para tratar de um erro muito comum entre profissionais com pouca experiência no contexto da entrevista investigativa. Referimo-nos aqui à famigerada crença na existência de um sinal universal da mentira ou, como costumamos dizer, no mito do nariz de Pinóquio. Lamentavelmente, muitas pessoas, dentre elas alguns profissionais que trabalham na atividade investigativa, ainda acreditam na existência de um sinal, absoluto e categórico, que se manifeste sempre que uma pessoa esteja mentindo.

Quanto a esse aspecto, podemos afirmar que não existe sustentação científica alguma para concluir que gestos como levar a mão à face, cruzar os braços, fechar os olhos ou olhar para qualquer lado que seja, indique que uma pessoa esteja mentindo. Muito pelo contrário, existem estudos que apontam não haver relação alguma entre tais condutas e a veracidade das declarações que estejam sendo apresentadas.

Desse modo, por mais sedutora que possa parecer a ideia de podermos identificar, a qualquer momento e em qualquer situação, a veracidade de uma declaração, devemos estar cientes de que nenhum indicador, seja ele de natureza verbal ou não verbal, é absolutamente seguro e confiável na execução desta tarefa.

Sendo assim, recomendamos que, ao avaliar o conteúdo de uma declaração, o profissional concentre-se exclusivamente na identificação de incongruências. Apenas isso, e nem um milímetro a mais. Note-se que identificar uma incongruência é absolutamente distinto de afirmar que uma pessoa esteja mentindo. Todavia, eventuais divergências identificadas em um relato, podem servir de referencial para direcionar novos esforços investigativos e, dessa forma, colaborar para a elucidação do caso que esteja em apuração.

Registre-se ainda, quanto a esse aspecto, que nem mesmo a divergência entre o relato de distintas testemunhas, ou entre declarações de uma mesma testemunha, tomadas em diferentes momentos, pode ser apontada de forma categórica como uma mentira. Conforme assinala Loftus (1975) a memória humana é passível de falhas, e quanto maior for o tempo transcorrido entre o evento presenciado e a sua narrativa posterior, maior também será a probabilidade de que ocorram perdas e distorções no processo de recordação deste fato. Sendo assim, é perfeitamente possível que uma testemunha crie falsas memórias e relate uma versão dos acontecimentos diferente da que foi narrada anteriormente, e isso não seria, de modo algum, uma mentira.

É importante assinalar que esse entendimento está em consonância com diversos estudos, desenvolvidos em conceituadas universidades ao redor do mundo, tendo como objeto de pesquisa a análise da credibilidade das declarações[27].

---

27   Para o leitor que deseje se aprofundar nesse tema, que será abordado com maior profundidade em publicações posteriores, sugerimos como leitura inicial os trabalhos do Dr. Aldert Vrij, em especial a sua obra *Detecting Lies and Deceit: Pitfalls and Opportunities*.

Alguns desses estudos destacam a possibilidade de se examinar critérios que aparecem com maior frequência em relatos verdadeiros do que nas falsas declarações. Desse modo, com base na identificação de tais critérios, seria possível realizar inferências a respeito da credibilidade do relato apresentado pela testemunha[28].

Contudo, a indagação que mais aparece em nossos cursos de formação e especialização em entrevista investigativa não diz respeito aos estudos desenvolvidos em universidades, mas sim sobre o funcionamento do equipamento conhecido como detector de mentiras. Sem medo de errar, podemos afirmar que a cada dez perguntas feitas pelos alunos do curso de Entrevista Investigativa, cerca de seis a sete versam exatamente sobre esse assunto.

Sendo assim, e considerando o grande interesse que o tema desperta nos profissionais que atuam com a atividade investigativa, de um modo geral, decidimos incluir em nosso Guia, ainda que de forma superficial e em linhas gerais, uma breve explicação sobre o funcionamento do polígrafo[29]. Contudo, devemos antes ressaltar que, sob a perspectiva científica, não existe nenhum equipamento no mundo que seja capaz de detectar mentiras. Desse modo, a denominação que se costuma atribuir a esse aparelho, tanto nos filmes quanto na literatura policial, não passa de um "nome fantasia", ou seja, de uma estratégia de marketing para aumentar as vendas do produto. Feita essa importante ressalva, tratemos então de esclarecer como funciona e quais são os pressupostos que embasam a utilização deste equipamento em determinados contextos, como ocorre, por exemplo, em algumas Cortes de Justiça dos Estados Unidos.

A lógica do funcionamento do polígrafo é, na realidade, bastante simples. Parte-se do princípio de que o indivíduo culpado, diante de determinadas perguntas, apresentaria alterações psicofisiológicas, as quais seriam então detectadas pelo equipamento. O entendimento desse pressuposto é fundamental para que possamos compreender não apenas o funcionamento do polígrafo, mas também as diferentes situações que podem resultar em erros na sua utilização.

---

28 Veja-se, nesse sentido, o *Criteria Based Content Analysis* (CBCA).

29 Nome científico do aparelho popularmente conhecido como "detector de mentiras".

Embora não sejam as únicas, as principais medidas psicofisiológicas detectadas pelo polígrafo são pressão arterial, batimento cardíaco, ritmo respiratório e condutância da pele.

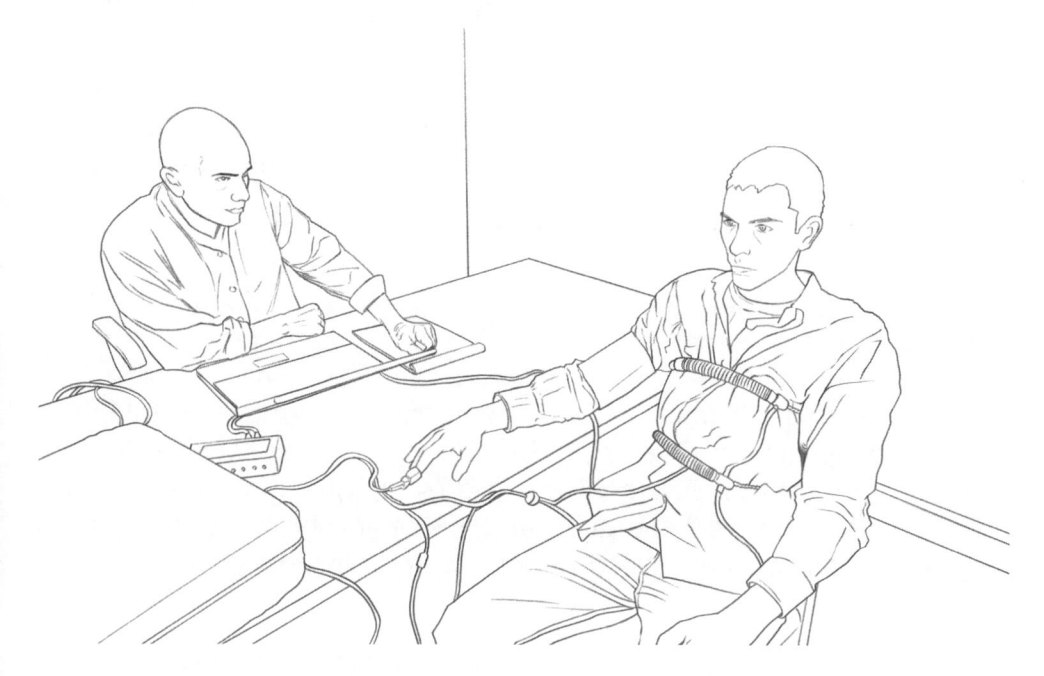

Duas observações devem ser feitas sobre o pressuposto em que se sustenta a aplicação do polígrafo. A primeira delas é que podem existir situações em que um indivíduo, mesmo sendo culpado, não apresente alteração psicofisiológica alguma diante dos questionamentos formulados pelo investigador. Isso pode ocorrer, por exemplo, se o avaliado estiver sob o efeito de ansiolíticos ou outras drogas inibidoras do sistema nervoso central. A segunda, e talvez mais importante, já que pode efetivamente resultar na responsabilização de inocentes, é que um indivíduo inocente submetido ao teste do polígrafo pode apresentar facilmente alterações psicofisiológicas decorrentes de outros motivos, que não sejam as perguntas formuladas pelo investigador. Evidentemente, uma pessoa que, por qualquer motivo que seja, esteja tensa ou ansiosa durante a realização de um teste poligráfico, apresentaria alterações perceptíveis pelo equipamento, ainda que fosse inocente e respondesse a todas as perguntas formuladas com a maior sinceridade possível[30].

---

30   Sobre esse assunto, é interessante destacar a ocorrência do fenômeno descrito no ambiente hospitalar

Para evitar as situações mencionadas acima, especialistas na aplicação de testes poligráficos desenvolveram protocolos específicos, nos quais a aferição de medidas psicofisiológicas combina-se com a realização de diferentes tipos de perguntas, de forma a poder identificar, com maior grau de segurança, eventuais reações suspeitas por parte do indivíduo que esteja sendo avaliado. Apresentaremos a seguir – de forma resumida – os dois principais protocolos utilizados com essa finalidade: o teste das perguntas de controle e o teste do conhecimento culpável.

No teste das perguntas de controle são formulados três tipos de perguntas. O primeiro tipo corresponde às chamadas perguntas relevantes, ou seja, àquelas que estejam diretamente relacionadas ao fato em apuração. O segundo engloba as chamadas perguntas neutras, isto é, aquelas que não estejam relacionadas com o fato em apuração e que supostamente não sejam capazes de provocar reações psicofisiológicas no indivíduo avaliado. O terceiro tipo, por sua vez, corresponde às perguntas de controle propriamente ditas, ou seja, àquelas que não estejam relacionadas ao fato em apuração, mas que sejam potencialmente capazes de provocar reações psicofisiológicas no indivíduo avaliado, sendo ele culpado ou inocente.

A apresentação das perguntas ocorre de forma alternada, ou seja, após uma pergunta neutra realiza-se uma pergunta de controle e, posteriormente, uma pergunta relevante, e assim sucessivamente. A interpretação dos resultados, conforme a imagem a seguir, resulta da comparação entre as pontuações obtidas com as reações psicofisiológicas apresentadas ante às perguntas de controle e às perguntas relevantes. Em indivíduos inocentes existe a tendência de que as perguntas de controle, aquelas que sejam potencialmente capazes de estressar a qualquer pessoa, sendo ela culpada ou inocente, alcancem pontuações maiores que as perguntas relevantes, isto é, aquelas que estejam diretamente relacionadas ao fato apurado. Em indivíduos culpados, por outro lado, a tendência é de que as perguntas relevantes provoquem um grau de estresse maior do que as perguntas de controle.

---

como a "síndrome do jaleco branco". De acordo com essa teoria, um em cada cinco pacientes apresentaria determinados sintomas, tais como: hipertensão arterial, agitação e tremedeira, pelo simples fato de estar na presença de um médico. De forma análoga, é razoável pensar que uma pessoa que se submeta a um teste de polígrafo também apresente significativas alterações psicofisiológicas, ainda que seja inocente e responda aos questionamentos da forma mais sincera possível.

TESTE DAS PERGUNTAS DE CONTROLE

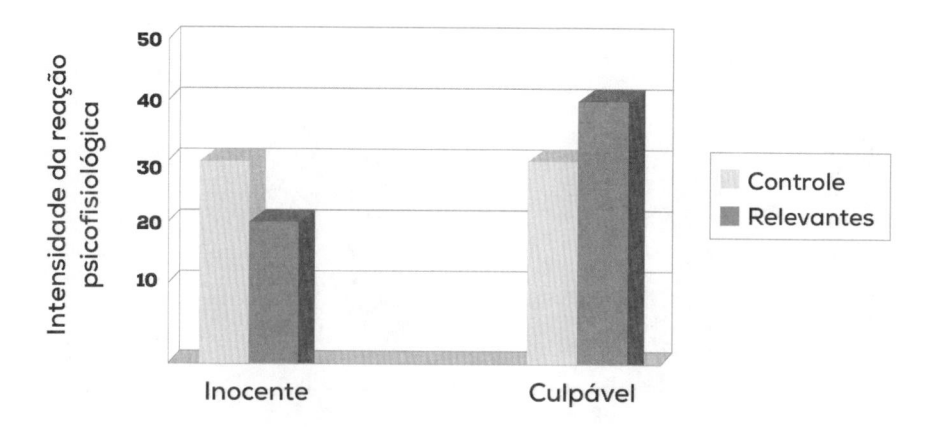

Gráfico de barras — Intensidade da reação psicofisiológica:
- Inocente: Controle ≈ 30; Relevantes ≈ 20
- Culpável: Controle ≈ 30; Relevantes ≈ 40

O segundo protocolo que apresentaremos é denominado como teste do conhecimento culpável. Para a aplicação deste procedimento é imprescindível que o investigador detenha algumas informações sobre o fato em apuração, que não sejam de conhecimento público. As perguntas são formuladas dentro de grupos temáticos, e com finalidades específicas, como, por exemplo: perguntas relativas ao lugar em que o fato ocorreu, perguntas relacionadas ao momento em que o fato ocorreu e perguntas referentes às pessoas envolvidas com o fato. Para cada pergunta formulada o investigador deverá elaborar um conjunto de cinco respostas, das quais quatro serão incorretas e apenas uma será a correta (por isso a necessidade de se conhecer detalhes sobre o fato para que se possa aplicar esse protocolo). As séries de perguntas e respostas são apresentadas de forma pausada, com um pequeno intervalo entre si. Presume-se que pessoas que não tenham conhecimento algum sobre o fato, ou seja, indivíduos inocentes, apresentem reações psicofisiológicas semelhantes diante de todas as alternativas, inclusive das respostas corretas, pois não haveria motivo algum para que estas questões lhes provocassem maior grau de estresse do que as incorretas. Já as pessoas envolvidas com o fato apurado, ou seja, detentoras de conhecimento culpável, de acordo com o protocolo, devem apresentar reações psicofisiológicas mais intensas diante das respostas que representem aquilo que de fato tenha ocorrido.

TESTE DO CONHECIMENTO CULPÁVEL

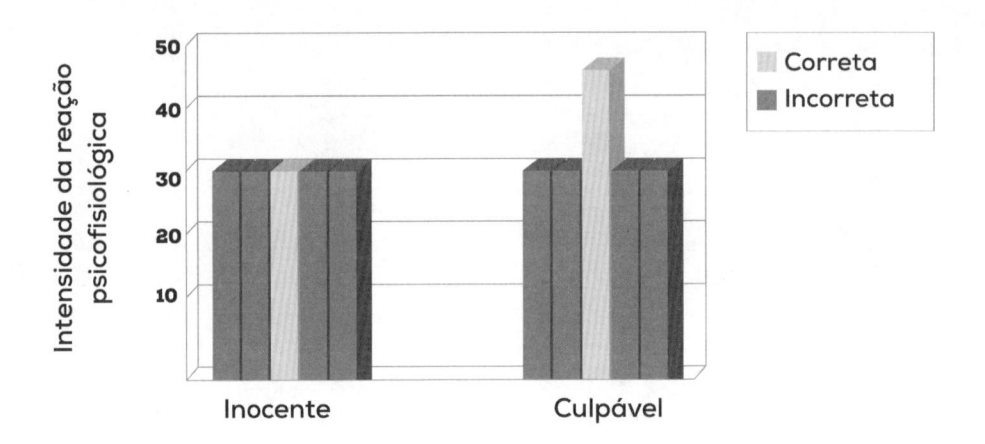

Ressalte-se, por fim, que o exame poligráfico não é admitido como meio idôneo para a produção de provas no ordenamento jurídico brasileiro. Desse modo, esclarecemos que as informações aqui apresentadas destinam-se, tão somente, ao esclarecimento de uma dúvida usual entre os profissionais que atuam na atividade investigativa, bem como à orientação de pesquisadores que desenvolvam estudos científicos, em ambiente acadêmico, relacionados à análise da credibilidade das declarações através da aferição das reações psicofisiológicas dos declarantes.

> **ATENÇÃO:**
> O ORDENAMENTO JURÍDICO BRASILEIRO NÃO ADMITE O EXAME POLIGRÁFICO COMO MEIO IDÔNEO PARA A PRODUÇÃO DE PROVAS.

17. FORMULE CORRETAMENTE SUAS PERGUNTAS

> *A pergunta correta é normalmente mais importante do que a resposta correta.*
> Platão

Ao tratar deste tema, pretendemos definir e categorizar as perguntas no contexto dos questionamentos feitos em uma entrevista investigativa, e ainda destacar as vantagens que obtemos ao formulá-las adequadamente. Apresentaremos, ainda, algumas estratégias que podem ser adotadas pelo entrevistador para o questionamento da testemunha.

De um modo geral, os dicionários conceituam a palavra pergunta como uma "frase com a qual se pretende interrogar". Contudo, no âmbito da entrevista investigativa, entendemos as perguntas de uma forma mais ampla, que contemple outras modalidades de interpelação. Assim, na mesma linha que lecionam Stewart e Cash (2017), também acreditamos que:

> Perguntas não precisam ser frases completas com um ponto de interrogação ao final. Podem ser palavras, frases, sentenças ou sinais não verbais que "convidam" a respostas ou reações. (STEWART e CASH, 2017, p. 33).

Conforme destacamos anteriormente, o bom entrevistador é aquele que menos fala em uma entrevista. Essa assertiva é especialmente válida durante a narrativa livre, momento no qual a testemunha não deve ser interrompida, sob pena de se comprometer o processo de recuperação das memórias relacionadas ao evento investigado. Todavia, trechos do seu relato que, aos olhos do entrevistador, pareçam ambíguos (com mais de uma interpretação possível) ou obscuros (de difícil interpretação) deverão ser esclarecidos em momento posterior, destinado especificamente à realização dos questionamentos.

A literatura nacional é bastante escassa no que diz respeito à elaboração de perguntas para o questionamento de testemunhas. Em razão disso, adotamos como base conceitual, para a apresentação deste tema, algumas classificações provenientes da doutrina internacional, principalmente de duas obras norte-americanas, Yeschke (2002) e Stewart e Cash (2017). De fato, a maioria das pessoas conhece apenas uma classificação para as perguntas: abertas ou fechadas. Embora essa divisão seja largamente empregada no âmbito da entrevista investigativa, existem outras que podem nos auxiliar a entender melhor os diferentes tipos de perguntas que são utilizadas para o questionamento das testemunhas. A classificação das perguntas em abertas e fechadas diz respeito à amplitude da resposta gerada: enquanto as perguntas abertas convidam o declarante a discorrer sobre um determinado fato, as perguntas fechadas exigem que ele se posicione a respeito de algo. Contudo, com a finalidade de fornecer mais uma ferramenta ao leitor, apresentaremos também a classificação das perguntas quanto ao assunto tratado. Dessa forma, cada pergunta poderá ser categorizada em relação a, pelo menos, dois aspectos distintos: amplitude da resposta e assunto abordado.

A imagem a seguir sintetiza a classificação que utilizamos em nossos cursos:

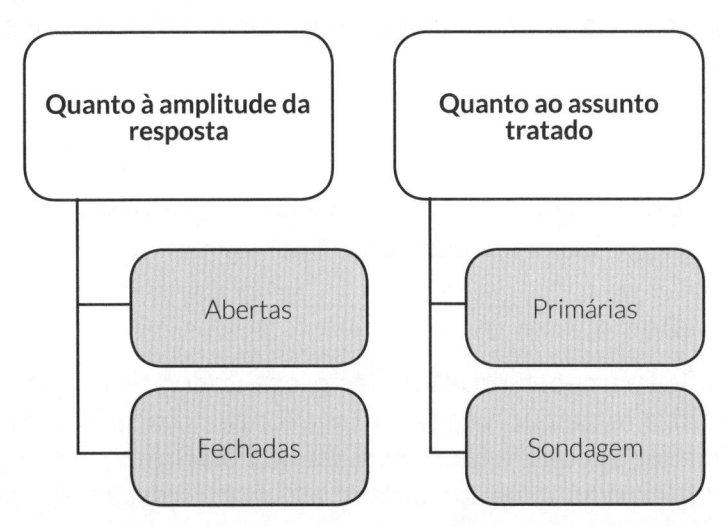

```
Quanto à amplitude da resposta
├── Abertas
└── Fechadas

Quanto ao assunto tratado
├── Primárias
└── Sondagem
```

Trataremos, inicialmente, do aspecto que se refere à amplitude das respostas, de acordo com o qual as perguntas podem ser classificadas em abertas ou fechadas. As perguntas abertas são empregadas em diversos momentos de uma entrevista investigativa. São utilizadas, por exemplo, para solicitar que uma testemunha inicie a sua narrativa livre, geralmente no seguinte formato:

> (nome da testemunha), conte-me agora tudo o que você se recorda sobre (fato que esteja sendo apurado).

Esse é um exemplo clássico de uma pergunta aberta, utilizada intencionalmente para provocar o fluxo verbal por parte da testemunha. Note-se que, mesmo durante os questionamentos, realizados após o término do relato livre, também é possível empregar perguntas abertas, sempre que o entrevistador entender que seja necessário obter um relato mais detalhado sobre algum ponto da narrativa que não tenha sido explicado de maneira satisfatória anteriormente. Por exemplo:

> (nome da testemunha), você disse em seu relato que os bandidos fugiram em um veículo que estava estacionado do outro lado da rua. Descreva-me, agora, como era esse veículo.

As perguntas fechadas, por outro lado, são mais aplicáveis durante a realização dos questionamentos, e são muito importantes quando precisamos que o declarante assuma um posicionamento a respeito de algo. Por exemplo:

> (nome da testemunha), você já estava na agência bancária no momento que os bandidos entraram?

Não é difícil perceber, no exemplo apresentado acima, que o objetivo não é induzir a testemunha a fazer uma longa digressão. Ao contrário, o entrevistador pretende que ela responda de forma clara e objetiva, e assuma um posicionamento sobre o assunto. Desse modo, perguntas fechadas são aquelas que delimitam o espectro da resposta produzida. De fato, quanto mais reduzida for a possibilidade de respostas a uma determinada pergunta, mais fechada ela será. No extremo, temos aquelas perguntas que só permitem duas respostas (normalmente restritas a sim ou não). Perguntas dessa natureza, que só possibilitam duas alternativas de resposta, são chamadas de bipolares. Um nível acima dessas perguntas encontra-se aquelas que, embora ainda sejam consideradas fechadas, admitem diferentes opções de resposta. Nessa categoria estariam as perguntas sobre horários, datas, nomes e cores, por exemplo. Quanto menos fechada for a pergunta, mais opções de resposta existirão, de modo a permitir que o declarante discorra mais sobre o assunto. A imagem a seguir apresenta exemplos de perguntas que poderiam ser realizadas durante os questionamentos. Perceba como as perguntas vão se tornando mais fechadas à medida que o assunto também se torna mais específico:

MAIS ABERTAS ↑ / MAIS FECHADAS ↓

O que você fez nas suas férias?

O que você fez na sua viagem de férias?

O que você fez na sua viagem de férias à Grécia?

O que você fez na noite que chegou à Grécia?

O que você fez após o jantar na noite do dia X?

O que você fez antes de dormir na noite do dia X?

Que horas você jantou na noite do dia X?

Você dormiu em qual hotel na noite do dia X?

Qual a cor da roupa de cama do hotel Gregorius?

Você dormiu no hotel Gregorius na noite do dia X?

Se, por um lado, as perguntas fechadas exigem que a testemunha assuma um posicionamento, como dito anteriormente, por outro, permitem que ela oculte algumas informações sobre o fato em apuração, pois, ao responder ao questionamento, somente se verá obrigada a dizer aquilo que lhe for perguntado. Como regra geral, podemos dizer que quanto mais fechadas forem as perguntas, menores também serão as suas opções de resposta.

Ressalte-se ainda que os pronomes e advérbios empregados na formulação das perguntas tendem a gerar efeitos diferenciados na amplitude das respostas, tornando-as mais abertas ou fechadas. Na imagem a seguir, apresentamos exemplos de perguntas sobre uma viagem. Analise-as com atenção, e perceba a diferença que cada estrutura textual irá gerar em sua respectiva resposta. Quanto mais acima na lista estiver a pergunta, mais aberta tenderá a ser a sua resposta:

MAIS ABERTAS ↑

Por que
Por que você viajou?

Como
Como você viajou?

O que
O que você fez na viagem?

Onde
Para onde você viajou?

Quando
Quando você viajou?

Quem
Com quem você viajou?

Qual
Qual foi o destino da sua viagem?

↓ **MAIS FECHADAS**

A segunda classificação de perguntas que iremos apresentar refere-se ao assunto tratado. Quanto a esse aspecto, as perguntas se dividem em dois grupos: perguntas primárias e perguntas de sondagem. As perguntas primárias são aquelas que inserem novos assuntos na entrevista. Já as perguntas de sondagem, por outro lado, são aquelas que dão continuidade ao assunto que já estava sendo abordado. Em outras palavras, a pergunta primária é aquela que muda o foco dos questionamentos, enquanto que a pergunta de sondagem é aquela que complementa ou aprofunda algum aspecto do assunto que já estava sendo tratado.

Normalmente, as perguntas primárias serão formuladas como perguntas abertas, as quais poderão ou não ter uma pequena introdução preliminar. Se elaboradas adequadamente, elas devem permitir que um novo assunto seja abordado pela testemunha, sem que isso gere eventuais elementos de contaminação. Perceba, contudo, que não necessariamente as perguntas primárias resultarão em respostas demasiadamente longas, pois o assunto ao qual elas se referem pode ser restrito.

Digamos, por exemplo, que uma testemunha tenha presenciado um acidente, e em seu relato ela tenha descrito a cena em detalhes, e informado com precisão onde estavam os veículos e as pessoas, mas não tenha mencionado em nenhum momento a presença ou ausência de policiais no local. Supondo que esta informação (a presença ou ausência de policiais no local) seja relevante para o esclarecimento do fato em apuração, o entrevistador poderia formular uma pergunta primária, após o relato da testemunha, da seguinte maneira:

> Conte-me sobre a atuação do resgate após o acidente...

Essa pergunta, considerada primária por introduzir um novo assunto na entrevista (o resgate), apenas levaria a testemunha a discorrer sobre a presença ou ausência de policiais no local do acidente, caso ela efetivamente tivesse alguma memória a esse respeito, ou seja, não provocaria a contaminação do relato. Aproveitaremos esse mesmo exemplo para demonstrar o efeito danoso que uma pergunta primária mal formulada poderia provocar. Veja o exemplo a seguir:

> Os policiais prestaram apoio no local?

Note-se que uma pergunta formulada dessa maneira não deveria ser direcionada à testemunha, pois ela introduz um elemento de contaminação ao relato (policiais). A menção expressa a esse novo termo, por parte do entrevistador, seria suficiente para gerar falsas memórias e comprometer todo o relato prestado pela testemunha.

Feitas estas ressalvas sobre as perguntas primárias, passemos agora às perguntas de sondagem, as quais merecem receber uma abordagem mais pormenorizada. De fato, são as perguntas de sondagem que irão conferir à entrevista a sua dinâmica natural, ao permitirem que o entrevistador incentive a testemunha a prosseguir em seu relato. Além disso, as perguntas de sondagem também serão utilizadas, no momento oportuno, para confirmar, esclarecer ou ampliar o grau de detalhamento de trechos do relato que ainda necessitem de complementação ou aprofundamento. Em nossos cursos, costumamos dividi-las em cinco diferentes categorias: sondagem em silêncio, sondagem de confirmação, sondagem para esclarecimento, sondagem informacional e sondagem reflexiva.

Conforme destacamos anteriormente, uma das atribuições essenciais do entrevistador investigativo consiste em auxiliar o declarante a relatar os fatos acerca do evento em apuração. Cabe ao entrevistador, portanto, incentivá-lo, ao máximo, a prosseguir em seu fluxo verbal durante a execução da narrativa livre. E será nesse contexto que apresentaremos a primeira categoria deste tipo de pergunta: a sondagem em silêncio. Sim, por mais paradoxal que possa parecer em uma primeira leitura, o silêncio funciona como uma forma de incentivo para a continuidade do relato, desde que acompanhado por uma adequada comunicação não verbal por parte do entrevistador. Escutar um relato não se resume, apenas, a ficar olhando fixamente para a testemunha enquanto ela estiver falando. Quem fala espera e procura observar reações de consentimento em quem o esteja ouvindo. Dessa forma, um movimento afirmativo com a cabeça, sinalizando que o entrevistador compreende o que a testemunha esteja dizendo, acompanhado de uma leve inclinação corporal em direção ao declarante, são ações necessárias para, associadas ao silêncio, transmitir a mensagem de que o entrevistador está atento a tudo o que a testemunha diz. Um complemento para a sondagem em silêncio são as expressões curtas. Além de não interromper a fluidez do relato, estas breves intervenções convidam a testemunha a prosseguir em sua declaração. Por exemplo, diante de uma pequena pausa feita pelo declarante, se o entrevistador disser frases curtas como "continue..." ou "e então?", ele a incentivará e fará com que ela retome a sua narrativa novamente.

> O silêncio funciona como uma forma de incentivo para a continuidade do relato, desde que acompanhado por uma adequada comunicação não verbal por parte do entrevistador.

A segunda categoria refere-se às perguntas de sondagem para confirmação, ou seja, são indagações abertas que indicam expressamente ao entrevistado que o tema será encerrado caso ele não tenha mais nada a acrescentar. Essa pergunta é usual ao final da narrativa livre, quando o entrevistador costuma inquirir:

> Haveria mais alguma coisa que você gostaria de dizer a respeito desse assunto?

Da mesma forma, ao concluir a entrevista, após a leitura do termo de declaração, também se recomenda uma pergunta com esse formato, tendo em vista que o encerramento é um momento que pode despertar no declarante a vontade de acrescentar alguma informação que ainda não tenha sido mencionada em seu relato inicial.

O terceiro tipo são as perguntas de sondagem para esclarecimento, as quais objetivam aclarar trechos do relato considerados ambíguos ou obscuros. Com essas perguntas, o entrevistador solicita ao declarante que esclareça trechos que não permitam a compreensão imediata e integral do seu significado. Perguntas de sondagem para esclarecimento podem ser formuladas tanto na modalidade abertas quanto fechadas.

O quarto tipo são as perguntas de sondagem informacionais. Dentre outros contextos, estas são aplicadas para complementar ou aprofundar aspectos específicos do relato. Embora o relato tenha sido apresentado de forma clara, o entrevistador acredita que possa ser enriquecido com mais detalhes. Com esse propósito, as perguntas informacionais são empregadas, por exemplo, na realização de estratégias para a recuperação de memórias.

O quinto e último tipo de perguntas que apresentaremos, na categoria de sondagem, são as reflexivas. Normalmente, são perguntas mais fechadas, que objetivam conduzir o declarante a uma reflexão do que ele tenha dito, sem que, para isso, seja necessário introduzir elementos de contaminação em seu relato. Suponhamos que uma testemunha diga em seu relato que estava sentada no ponto de ônibus quando presenciou um roubo, mas o entrevistador, por ter assistido a um vídeo sobre este evento, sabe que ela não estava sentada quando o roubo aconteceu. Uma forma incorreta de solicitar a ela que reflita sobre esse trecho do seu relato seria a seguinte:

> Você estava mesmo sentada nesse momento?

O problema de se fazer a pergunta da forma mostrada acima é que, ao inserir a palavra sentada em sua estrutura, o entrevistador poderá gerar um elemento de contaminação no relato, ao sugerir uma determinada conduta em sua resposta. Em razão disso, recomenda-se que tais perguntas sejam formuladas de uma forma mais sutil, como a que mostramos no exemplo a seguir:

> Havia mais alguém sentado ao seu lado nesse momento?

Observe que, se formulada dessa maneira, a pergunta a levaria a refletir sobre a posição em que ela se encontrava no momento em que presenciou o evento. Perceba que a testemunha pode ter construído a sua resposta inicial de uma forma inapropriada, utilizando termos que não correspondam fielmente às suas memórias. Contudo, ao ser levada novamente a refletir sobre os eventos presenciados, para tentar recordar se havia outra pessoa sentada ao seu lado, perceberia o "erro" na interpretação do entrevistador, e aproveitaria esta oportunidade para corrigi-lo, dizendo:

> Ah, não... Eu não estava sentada! Estava encostada no poste que fica ao lado, pois o ponto de ônibus estava cheio nesse momento.

Apresentamos, a seguir, um quadro-resumo com a classificação das perguntas que apresentamos no Guia:

Quanto à amplitude da resposta		
	Vantagens	**Desvantagens**
Abertas	Permitem que o entrevistado aborde mais assuntos e insira em seu relato aspectos desconhecidos pelo entrevistador	Dão margem a respostas evasivas que nem sempre esclarecem ou informam sobre o assunto de interesse
Fechadas	Exigem que o declarante se posicione sobre um determinado assunto	Podem levar o declarante a omitir pontos importantes que não foram expressamente perguntados
Quanto ao assunto		
Primárias	Inserem novos assuntos durante a realização dos questionamentos	Podem sugerir que o assunto anterior está esgotado
Sondagem Silêncio	Não interrompem o fluxo verbal do entrevistado e evitam a contaminação do relato.	Se não forem acompanhadas de uma adequada comunicação não verbal, podem sugerir desinteresse por parte do entrevistador
Sondagem Esclarecimento	Permitem esclarecer trechos ambíguos ou obscuros do relato.	Se não forem formuladas corretamente, podem sugerir desconfiança por parte do entrevistador
Sondagem Informacionais	Permitem complementar ou aprofundar trechos específicos do relato	Se não forem formuladas corretamente, podem sugerir desconfiança por parte do entrevistador
Sondagem Reflexivas	Convidam a testemunha a refletir sobre o conteúdo de suas declarações	Se não forem formuladas corretamente, podem introduzir elementos de contaminação no relato

Quadro com exemplos da interação entrevistador – testemunha nos diferentes tipos de perguntas:

Entrevistador	Testemunha
Conte-me a respeito do que você presenciou na noite do dia 15 de fevereiro...	Aquele dia foi muito complicado pra mim, o trabalho estava pesado, muita coisa pra fazer e, ainda por cima, era aniversário do meu filho e eu precisava comprar-lhe um presente...
Permanece em silêncio, olhos voltados para o declarante e acena afirmativamente com a cabeça	
Permanece em silêncio, olhos voltados para o declarante e acena afirmativamente com a cabeça	Cheguei em casa e fui tomar banho, depois fui com minha família até a pizzaria e foi no caminho que eu vi um cara de máscara com uma arma na mão falando com uma pessoa dentro de um carro preto...
Haveria mais alguma coisa que você gostaria de dizer a respeito desse assunto? (esclarecimento)	Não, acho que já contei tudo.
Você lembra que horas saiu de casa?	Sim
Que horas você saiu?	Por volta de 20 horas
Descreva o caminho você usou para ir à pizzaria?	Eu segui pela Rua dos Afonsos e depois entrei na Avenida Brasil, andamos mais uns 500 metros até chegar à pizzaria.

Cuidado com perguntas sugestivas!

Um dos principais erros que podem ser cometidos em uma entrevista investigativa consiste na elaboração de perguntas sugestivas, pois elas tendem a induzir determinadas respostas e, desta forma, transformam-se em elementos de contaminação do relato. O entrevistador deve ter muito cuidado para não inserir trechos da resposta na própria pergunta. Do mesmo modo, ele deve resistir à tentação de incluir em sua pergunta informações que a testemunha não tenha. Por vezes, o entrevistador esmera-se em elaborar perguntas abertas e sem direcionamento, mas, ao verbalizar a frase comete o deslize de incluir algo a mais ou de colocar uma entonação maior ou menor em determinado ponto do questionamento. Vejamos alguns exemplos a seguir:

> Você foi de ônibus, não é?
> Você interrompeu o seu tratamento no ano passado?
> Como você se sentiu em relação ao cheiro podre daquele local?

As três perguntas apresentadas acima são sugestivas. Na primeira o entrevistador já está informando o meio de transporte utilizado pela testemunha, na segunda ele passa informações tanto sobre o tratamento (que foi interrompido) quanto do período em que isso teria acontecido, e na terceira ele afirma que o cheiro de um determinado local era podre. Neste último caso, por exemplo, a testemunha poderia utilizar qualquer outro adjetivo para descrever esse cheiro, mas, após a pergunta, passará a usar este adjetivo como referência e, possivelmente, dirá também que se sentiu enjoada, pois essa seria a reação natural ao cheiro proposto.

Conheça algumas estratégias de questionamento

Um bom entrevistador deve saber o momento mais adequado para utilizar cada tipo de pergunta. Nesse sentido, consideramos que a alternância entre perguntas abertas, fechadas, primárias e de sondagem no momento correto é extremamente salutar para a condução da entrevista. Essa alternância deve ser previamente planejada e faz parte da estratégia de questionamento. Trataremos mais profundamente sobre essa questão a seguir.

Existem diversos protocolos para a realização de entrevistas investigativas e, em todos eles, haverá um momento em que o entrevistador deverá realizar perguntas para esclarecer ou aprofundar determinados aspectos da declaração. Esta etapa jamais deverá ocorrer antes da narrativa livre, pois as perguntas poderiam contaminá-la, induzindo o direcionamento do relato. Durante o planejamento inicial, o entrevistador deverá elencar os aspectos que precisam ser esclarecidos sobre o fato em apuração, e que podem se transformar em perguntas, caso não sejam esclarecidos na narrativa feita pela testemunha. É importante que o entrevistador realize seus questionamentos com coerência, evitando solicitar ao declarante informações que ele já tenha fornecido de modo claro e preciso em seu relato.

Existem dois aspectos a considerar sobre os questionamentos que o entrevistador fará ao declarante. O primeiro é que eles devem obedecer a uma sequência lógica, de modo a facilitar o entendimento das respostas apresentadas pela testemunha. O segundo é que, durante a entrevista, podem ser empregados os diversos tipos de pergunta apresentados anteriormente, explorando as suas respectivas características.

O sequenciamento lógico dos questionamentos pode ser realizado de diversas formas. Podemos citar duas como sendo as mais comuns: por tópicos e pela ordem cronológica dos fatos. Na primeira, os questionamentos obedecerão a uma sequência, de modo que a testemunha venha a responder aspectos pontuais do tema tratado, como, por exemplo: o que, quem, quando, onde, como, por que etc. Na segunda, os questionamentos serão feitos obedecendo à sequência cronológica em que os fatos ocorreram. Vamos propor um exemplo com as duas abordagens, para ilustrar como poderia ser organizado o sequenciamento das perguntas.

Digamos que uma testemunha estava em um ponto de ônibus quando presenciou a cena de um carro se aproximando em alta velocidade, atropelando três pessoas e depois batendo em um poste. Em seguida, ela viu quando o motorista desembarcou do veículo e fugiu do local. A tabela abaixo apresenta uma comparação entre as duas sequências de questionamentos: por tópicos e pela ordem cronológica. Salientamos que são apenas exemplos de perguntas, sem a menor preocupação com os seus tipos ou com o que já possa ter sido relatado anteriormente:

Tópicos	Cronológica
Havia outras pessoas no local? Havia outras pessoas no carro?	Que horas você chegou ao local?
Como era o motorista? Como o motorista estava vestido? O motorista disse alguma coisa?	O que você fez após chegar ao local?
Em que posição você se encontrava quando o fato ocorreu? O que era possível ver a partir desta posição?	Sim... E depois?
Que horas você chegou ao local? Que horas o fato ocorreu?	O que você se recorda de ter visto em seguida?
Havia outros veículos transitando pelo local? Havia algum veículo estacionado no local?	O que aconteceu após esse momento?
Você já presenciou outro evento semelhante nesse mesmo local?	Foi prestado socorro às vítimas no local?

Percebemos, no exemplo apresentado acima, duas formas distintas de abordar a testemunha sobre os eventos que ela presenciou. Cada uma delas possui vantagens e desvantagens. Embora a abordagem por tópicos permita focar temas específicos de uma forma conjunta, a cronológica facilita o entendimento do processo como um todo. O mais importante é estabelecer uma estratégia de questionamento que facilite o trabalho de recuperação das memórias por parte da testemunha, aumentando, desse modo, a qualidade final das respostas apresentadas.

Após decidir com qual sequência lógica abordaremos o assunto, devemos escolher a tipologia das perguntas que serão utilizadas. Para tanto, trabalharemos com as opções apresentadas anteriormente.

Por fim, citamos algumas estratégias de questionamento que podem ser adotadas pelo entrevistador, alternando ou mantendo a tipologia das perguntas, com o objetivo de facilitar a condução da entrevista e otimizar a qualidade das respostas obtidas. Nesse sentido, Stewart e Cash (2017, p. 54-56) assinalam seis formas distintas de questionamento, cinco das quais abordaremos a seguir. O quadro a seguir apresenta o formato proposto pelos autores, acompanhado de uma breve descrição e destacando as principais vantagens e desvantagens em sua utilização:

Sequência	Observações
Túnel	**Descrição** Perguntas sempre do mesmo formato (geralmente fechadas). **Vantagens** Fácil condução e elaboração de perguntas. **Desvantagens** Não permite explorar adequadamente os aspectos decorrentes do tipo de declaração apresentada pela testemunha. **Uso** Mais recomendada para partes específicas da abordem inicial de uma entrevista, como, por exemplo, para levantar ou confirmar informações pessoais sobre o declarante.

Sequência	Observações
Funil	**Descrição** Inicia com perguntas abertas e passa depois para as perguntas fechadas. **Vantagens** Permite que a testemunha aborde inicialmente assuntos que considere importantes para o relato e, aos poucos, posicione-se sobre esses temas. **Desvantagens** Impede que o entrevistador estabeleça claramente o foco no início dos questionamentos. **Uso** É útil nas situações em que a testemunha consiga discorrer livremente sobre o assunto. As perguntas fechadas, realizadas ao final, serão destinadas para a complementação ou aprofundamento dos temas narrados anteriormente.
Funil Invertido	**Descrição** Inicia com perguntas fechadas e passa depois para as perguntas abertas. **Vantagens** Permite que o entrevistador estabeleça claramente o foco no início do questionamento. **Desvantagens** Impede que a testemunha aborde inicialmente assuntos que considere relevantes para o relato. **Uso** É útil em situações em que a testemunha não consiga discorrer livremente sobre o assunto. As perguntas fechadas iniciais devem ser formuladas com cuidado para não contaminar eventuais narrativas posteriores.

Sequência	Observações
Diamante	**Descrição** Inicia com perguntas fechadas, passa depois para as abertas e retorna às fechadas no final. **Vantagens** Permite que o entrevistador estabeleça claramente o foco no início do questionamento. **Desvantagens** Impede que a testemunha aborde inicialmente assuntos que considere relevantes para o relato. **Uso** É útil em situações em que a testemunha não consiga discorrer livremente sobre o assunto. As perguntas fechadas iniciais devem ser formuladas com cuidado para não contaminar eventuais narrativas posteriores. Ao final, retorna-se às perguntas fechadas de forma a esclarecer pontos essenciais do relato.

> **LEMBRETE:**
> *As perguntas devem ser simples e sobre um único tema. O entrevistador deve se abster de contaminar o relato ou induzir respostas específicas por parte do declarante.*

18. ESTEJA PRONTO PARA REALIZAR UMA ENTREVISTA VIRTUAL

O cérebro social está no seu ambiente natural quando você está falando com alguém cara-a-cara, em tempo real.
Daniel Goleman

Abordaremos a seguir uma situação que, embora não seja comum, mais cedo ou mais tarde ocorrerá na vida de todo entrevistador profissional: a realização de uma entrevista a distância. Sim, em determinados casos, para que não se perca a oportunidade se ouvir uma testemunha-chave em uma investigação, pode ser necessário realizar a entrevista em formato virtual, ou até mesmo por telefone. Evidentemente, esse tipo de abordagem sempre será menos eficaz que uma entrevista conduzida de forma presencial. Sendo assim, apresentaremos, a seguir, algumas orientações para que você possa alcançar o melhor resultado possível diante desta situação.

Se nós ainda estivéssemos no ano 2000, é provável que a única alternativa neste caso fosse a realização de uma entrevista por telefone, tendo em vista que a transmissão em vídeo naquela época ainda era extremamente precária. Nos dias atuais, contudo, pode-se facilmente estabelecer uma conexão em áudio e vídeo entre várias pessoas, com excelente qualidade e alta resolução. Todavia, por mais perfeição que se alcance nas videoconferências, no âmbito dos relacionamentos interpessoais, nada se compara ao resultado obtido em um encontro presencial. Em razão disso, uma entrevista a distância deverá ser realizada apenas em último caso, quando realmente não haja a possibilidade de o entrevistador e a testemunha se encontrarem pessoalmente. Neste caso, deve-se priorizar a entrevista por vídeo, em detrimento da mera chamada telefônica.

Ao realizar uma entrevista por videoconferência, o entrevistador deve levar em conta todas as orientações mencionadas ao longo deste Guia. Os seja, ele deve ter o devido cuidado com os trajes, com a aparência pessoal e com a preparação do ambiente em que fará a sua transmissão. Além disso, deve prestar especial atenção à forma como irá elaborar as perguntas e no modo como irá se reportar à testemunha. Todos esses aspectos são relevantes para que se consiga criar um vínculo positivo com o declarante e, na medida do possível, reduzir os efeitos negativos de uma entrevista realizada a distância. Caso seja possível, seria conveniente, ainda, solicitar à testemunha que compareça a um local previamente preparado por uma equipe de apoio, normalmente formada por integrantes de uma instituição parceira que tenha condições de operar no local onde a testemunha se encontra. Neste caso, a preparação do ambiente onde o declarante estará durante a realização da entrevista deve seguir os mesmos padrões apresentados nas recomendações anteriores. O ideal é que a imagem do declarante seja registrada por mais de uma câmera, pois isso permitirá uma análise posterior do seu comportamento, e também fornecerá uma gravação sobressalente, a qual poderá ser utilizada caso ocorra algum problema com a imagem principal.

Caso esse apoio operacional não seja possível ou viável, a testemunha deve ser orientada a procurar um ambiente silencioso, seja na sua residência ou em seu local de trabalho, onde haja bom acesso à internet. Deve-se dar preferência à conexão cabeada em detrimento da conexão sem fio. Do mesmo modo, sempre que possível, a pessoa a ser ouvida deve estar orientada a utilizar um computador pessoal (desktop ou laptop) ao invés de dispositivos menores como tablets ou aparelhos celulares. O uso de fones de ouvido também deve ser recomendado, para que se possa garantir a boa qualidade do áudio durante a transmissão. Além disso, a testemunha deve possuir o conhecimento necessário para utilizar o aplicativo que será empregado, e preferencialmente deve estar sozinha durante a entrevista, para que não seja interrompida durante a transmissão.

Observadas as recomendações acima, a entrevista deve ser conduzida normalmente, adotando-se as mesmas orientações válidas para uma oitiva presencial. Ao se iniciar o contato, a testemunha deve ser previamente comunicada que em um eventual caso de queda da conexão, a mesma deverá ser reestabelecida imediatamente.

Com uma internet estável, e observando-se as recomendações apresentadas neste Guia, pode-se chegar a excelentes resultados utilizando-se uma videoconferência.

Ressalte-se ainda que a realização de uma entrevista meramente pelo telefone, na qual apenas o áudio seja transmitido, certamente apresentará prejuízos mais significativos que os casos apresentados anteriormente. Tal situação, que só deve ser empregada quando não haja outra possibilidade e a realização da entrevista seja urgente, também exigirá do entrevistador alguns cuidados especiais para a sua execução. Assim como na entrevista com áudio e vídeo, realizada a distância, nessa outra modalidade também se deve solicitar ao declarante que permaneça em um ambiente silencioso, e preferencialmente onde não ocorram interrupções durante o tempo em que transcorra a chamada telefônica.

Existe ainda uma terceira modalidade de entrevista, a qual poderia ser empregada em situações extremas. Essa forma consiste no envio das perguntas que serão respondidas, por escrito, as quais são respondidas e encaminhadas de volta ao entrevistador. Esse tipo de entrevista só deve ser adotado em último caso, pois além de não permitir ao investigador ter certeza sobre a identidade da pessoa que respondeu aos questionamentos, também não possibilita a aplicação de diversas técnicas aplicadas no contexto da entrevista investigativa. De fato, a oralidade (resposta verbal às perguntas formuladas) representa um dos pressupostos essenciais da entrevista investigativa. Recomenda-se que, nesses casos, seja elaborado um questionário para preenchimento por parte da testemunha, o qual deve possuir um campo para assinatura ao final. Evidentemente, a adoção de quaisquer dessas modalidades excepcionais para a realização da entrevista deve ser devidamente registrada no relatório que será elaborado pelo entrevistador ao final.

> **LEMBRETE:**
> É PREFERÍVEL USAR:
> - CHAMADA POR VÍDEO, AO INVÉS DE TELEFÔNICA.
> - CONEXÃO CABEADA, AO INVÉS DE SEM FIO;
> - COMPUTADOR PESSOAL, AO INVÉS DE DISPOSITIVOS MENORES;
> - RESPOSTAS VERBAIS, AO INVÉS DE RESPOSTAS POR ESCRITO.
>
> REDOBRAR OS MEIOS DE GRAVAÇÃO.
> OBSERVAR OS CUIDADOS COM AMBIENTE, TRAJES E CONDUTA.
> CRIAR VÍNCULO POSITIVO COM A TESTEMUNHA.

19. ENCERRE ADEQUADAMENTE A ENTREVISTA

Quase todos sabem começar, o difícil é colocar um fim.
George Bernard Shaw

A essa altura, o leitor já deve ter percebido que o processo de comunicação entre o entrevistador e a testemunha pode ser afetado por diversos fatores, capazes de comprometer a qualidade da declaração. Em razão disso, e considerando-se que é objetivo da entrevista investigativa a obtenção do relato mais completo e acurado possível, recomenda-se que, no momento do encerramento, realize-se – em voz alta e de forma pausada – a leitura das declarações que foram prestadas, como forma de se garantir que aquilo que foi entendido pelo entrevistador corresponde exatamente ao que foi dito pelo declarante.

O procedimento de leitura do termo de declaração consiste, dessa maneira, em mais uma oportunidade dada ao declarante para que ele possa corrigir eventuais distorções no entendimento, bem como agregar ao seu relato novos elementos que ainda não tenham sido mencionados. De fato, ao acompanhar a leitura dos eventos que por ele foram narrados, não é raro que o declarante interrompa o entrevistador para corrigi-lo com frases do tipo: "não foi exatamente isso o que eu quis dizer nesse ponto".

Com efeito, para que esse procedimento tenha êxito, antes de iniciarmos a leitura do termo de declaração, devemos orientar a testemunha de que ela tem total liberdade para nos interromper sempre que queira corrigir algo que tenha sido entendido incorretamente, ou quando se recordar de um novo detalhe:

> (nome da testemunha), nós iremos ler agora o termo com o resumo de suas declarações. Gostaria que você prestasse atenção e nos informasse caso algo tenha sido registrado erroneamente, ou caso você se recorde de algum novo detalhe, que não tenha sido mencionado em seu relato.

Outro ponto importante que deve ser observado no encerramento da oitiva é a retomada de temas que não estressem a testemunha. Embora a entrevista investigativa seja geralmente conduzida de forma colaborativa e não confrontacional, não é raro que no curso do relato sejam abordados temas desconfortáveis, ou que, de algum modo, possam desestabilizar emocionalmente o declarante. Sendo assim, da mesma forma que ao iniciar a entrevista utilizamos perguntas amenas para "quebrar o gelo" e deixar a testemunha mais a vontade, ao término também é recomendável retomar ou introduzir assuntos mais suaves, de forma que o declarante não guarde como última impressão de sua entrevista uma eventual emoção desagradável, que tenha sido provocada ao ter que abordar pontos mais ásperos.

O entrevistador também deve informar ao declarante que ele poderá se recordar de novos elementos após o término da entrevista. De fato, em alguns casos, essa lembrança – que ocorre de forma espontânea – pode vir a se manifestar dias depois a data em que a entrevista foi realizada. Em razão disso, é imprescindível que o investigador procure deixar as "portas abertas", ou seja, que mantenha um canal de comunicação ativo para que o declarante possa contatá-lo, caso venha a se recordar de novos elementos sobre os fatos que foram narrados na entrevista. Por outro lado, pode acontecer ainda a seguinte situação: o aparecimento de novas evidências pode mudar o curso da investigação e ensejar a necessidade de que uma testemunha seja ouvida novamente para tratar de assuntos sobre os quais não foi arguida em sua entrevista inicial. Em ambas as situações, a viabilização dessa nova entrevista será mais fácil quando houver a troca de contatos pessoais e institucionais entre o entrevistador e o declarante durante o encerramento da entrevista.

Cuidado especial deve ser dispensado às entrevistas agendadas para o período noturno, e que finalizem em horário avançado. O planejamento dessas entrevistas deve contemplar toda a logística de transporte para o deslocamento seguro das testemunhas após o encerramento da atividade.

Outro aspecto importante diz respeito a alguma anotação específica que o entrevistador queira fazer, em razão de algo que tenha ocorrido durante a entrevista. Pode acontecer, por exemplo, que durante o relato do declarante, o entrevistador pense em uma nova pergunta que poderia ser feita para outra testemunha, ou em alterar a ordem de realização das próximas entrevistas que serão agendadas... Por mais exaustiva que tenha sido a entrevista, e algumas realmente o são, o que se recomenda é que essas anotações sejam feitas o quanto antes, preferencialmente logo após o encerramento da entrevista, para evitar que algo importante seja esquecido pelo entrevistador e possa, de algum modo, comprometer o êxito de entrevistas futuras. De acordo com Wicklander e Zulawski (2001) essas anotações devem contemplar ainda todos os pedidos especiais feitos pela testemunha, inclusive os intervalos concedidos para ir ao banheiro.

Por fim, o entrevistador não deve esquecer jamais de agradecer ao declarante por sua disposição em colaborar, participando da entrevista e prestando os esclarecimentos necessários para a elucidação do caso.

> **LEMBRETE:**
> A ENTREVISTA INVESTIGATIVA TEM CARÁTER COLABORATIVO E NÃO CONFRONTACIONAL. INFORMAR A DINÂMICA DA ENTREVISTA AO INÍCIO É FUNDAMENTAL PARA DEIXAR O DECLARANTE MAIS À VONTADE. ANTES DA LEITURA DO TERMO DE DECLARAÇÃO, DEVE-SE ORIENTAR A TESTEMUNHA NO SENTIDO DE QUE ELA TEM TOTAL LIBERDADE PARA INTERROMPER O PROCESSO PARA FAZER ALGUMA CORREÇÃO OU ACRESCENTAR ALGO NOVO.

20. ELABORE UM RELATÓRIO AO FINAL DA ENTREVISTA

Escreva de tal forma que possa ser facilmente compreendido por jovens e velhos, homens e mulheres e até crianças.
Ho Chi Min

A entrevista investigativa é uma atividade conduzida com um propósito específico e, normalmente, determinada por um superior hierárquico. Sendo assim, após o encerramento da entrevista será necessário entregar, a quem determinou a sua execução, um informe sobre a atividade desenvolvida. Não se considera viável apresentar a um chefe ou diretor um arquivo com duas horas de vídeo com a declaração de uma testemunha ou um documento com trinta laudas contendo a degravação integral de suas palavras. Propõe-se, portanto, a elaboração de um documento formal, seguindo o padrão empregado em sua instituição, com o resumo dos principais tópicos da atividade. Em nossos cursos chamamos a esse documento de Relatório de Entrevista. A seguir, apresentaremos alguns aspectos relevantes sobre esse documento e, por fim, uma sugestão de modelo que poderá ser adaptado ao seu respectivo órgão.

O primeiro aspecto a destacar é que o relatório não deve ser apenas um documento com dados sobre o entrevistador e o declarante. Ele deve ir além, apresentar aspectos sobre o fato em apuração, sobre o planejamento, sobre a logística envolvida e eventuais sugestões para futuras entrevistas. Considera-se que o momento ideal para a elaboração do relatório é imediatamente após o encerramento da entrevista. Desse modo, sempre que possível, deve-se evitar realizar várias entrevistas em sequência. O objetivo de redigir o relatório o quanto antes é documentar as ideias ainda "frescas" na memória. Quanto mais tempo transcorrer entre a entrevista e a elaboração de seu respectivo relatório, menor será a quantidade de informações que o entrevistador conseguirá registrar. Ressaltamos que não se trata de uma transcrição das palavras ditas pelo declarante[31], mas sim de um registro dos aspectos gerais da entrevista.

---

31   Tal transcrição consiste no Termo de Declaração, o qual deve seguir em anexo ao relatório, devidamente assinado pelo declarante.

Caso não seja possível elaborar o relatório completo logo após o encerramento da entrevista, sugere-se que ao menos algumas observações pontuais sejam anotadas, para facilitar a sua elaboração posterior.

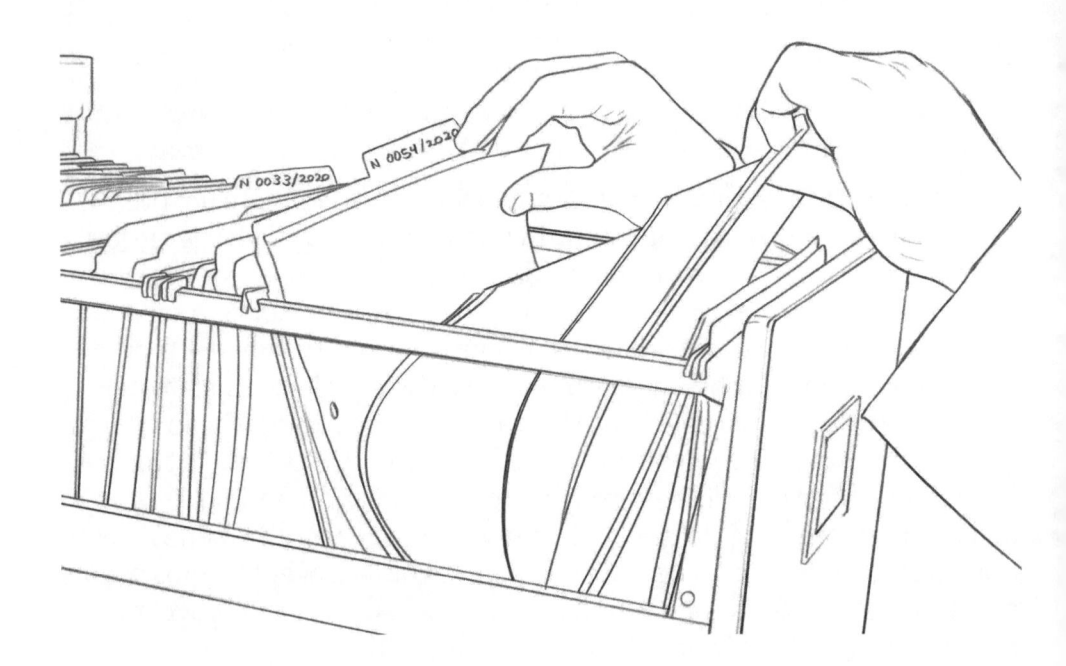

Um bom relatório não tem apenas a finalidade de transmitir informações a alguém. Ele deve conter dados que facilitem planejamentos futuros e possam conduzir ou auxiliar outros profissionais na continuidade dos trabalhos iniciados. De posse de um relatório bem elaborado será possível tirar conclusões acerca das atitudes do entrevistador em todo o curso da entrevista. Tais condutas poderão ser discutidas em grupo, colaborando para o estabelecimento de um procedimento padrão no âmbito da instituição.

O relatório deve ser redigido, preferencialmente, em um computador, sendo impresso e arquivado de acordo com as diretrizes de cada órgão. Deve-se ter cuidado com a guarda e custódia desse documento, pois ele pode conter informações consideradas sigilosas, como evidências reveladas, de modo reservado, durante a entrevista. A depender da natureza da situação apurada, o nome do declarante pode se resumir apenas às suas iniciais ou, o que seria ainda melhor, a um código que não permita a sua imediata identificação por terceiros.

Um relatório deve seguir algumas orientações especiais. Em primeiro lugar, não é recomendada a inclusão de opiniões pessoais, a não ser em pontos específicos e devidamente indicados. Todo o texto deve ser redigido de forma clara e concisa para melhorar o entendimento do seu teor. Apesar de sucinto, o relatório deve conter o máximo possível de informações sobre a entrevista e sobre o fato apurado. Ao elaborar o documento, o redator deve ter em mente que é provável que ele não esteja presente para explicar o texto depois, de forma que o ideal é que o destinatário do documento consiga entender tudo o que foi escrito sem a ajuda de terceiros. O envio do relatório ao chefe ou diretor deve ser feito segundo as normas de segurança da instituição, e tendo em mente o sigilo das informações.

A seguir, apresentamos uma descrição breve dos campos e o modelo do Relatório de Entrevista adotado pelo Instituto Brasileiro de Análise de Veracidade. O seu uso é autorizado, desde que citada a fonte. O arquivo original do documento pode ser obtido na página do IBRAV.

Anexos

Documentos que acompanhem o relatório. Usualmente o termo de declaração e o planejamento são anexados ao Relatório de Entrevista.

Referências

Indicação de outros relatórios produzidos que tenham relação com o mesmo caso.

Declarante

Nome do declarante. Em alguns casos pode conter apenas as iniciais ou, até mesmo, um código de identificação.

Situação envolvida

Descrição sucinta do caso que ensejou a realização da entrevista.

Resumo da atividade

Hora de início e término. Local de realização da entrevista. Identificação do profissional que conduziu a entrevista (entrevistador principal, entrevistador assistente e demais colaboradores).

Evidências apresentadas

Eventuais evidências que tenham sido apresentadas ao declarante durante a entrevista devem ser descritas nesse campo. Usualmente, as evidências também são referidas através de um código de identificação.

Material obtido

Qualquer material (documentos, fotografias ou gravações, por exemplo) que tenha sido repassado ao entrevistador pela testemunha.

Dificuldades encontradas

Qualquer eventualidade que tenha comprometido o bom andamento da entrevista (limpeza do local, câmera inoperante ou atraso de algum colaborador, por exemplo).

Material ou recursos empregados

Tudo o que tiver sido utilizado para o planejamento e execução da entrevista.

Conduta geral do declarante

Descrição sucinta da forma como o declarante se comportou durante a entrevista.

Procedimentos futuros

Sugestão de entrevistas com novas testemunhas que possam colaborar com a investigação, ou mesmo da adoção de novos procedimentos que possam corrigir alguma dificuldade encontrada pelo entrevistador.

> **LEMBRETE:**
> *UM BOM RELATÓRIO PERMITIRÁ A POSTERIOR AVALIAÇÃO DA ENTREVISTA, E TAMBÉM FACILITARÁ O PLANEJAMENTO E EXECUÇÃO DE ATIVIDADES FUTURAS.*

MODELO: RELATÓRIO DE ENTREVISTA

RELATÓRIO DE ENTREVISTA Nº ____			
Data:	Responsável:		
DADOS DA ENTREVISTA			
Data:	Hora:		Local:
Anexos:			
Referências:			
Declarante:			
Situação Envolvida:			
Resumo da Atividade:			
Evidências Apresentadas:			
Material Obtido:			
Dificuldades Encontradas:			
Material ou Recursos Empregados:			
Conduta Geral do Declarante:			
Procedimentos Futuros:			

Modelo disponível para o leitor com o QR CODE da página 43.

III – Estudos de Caso

NOTA EXPLICATIVA

III ESTUDO DE CASO

A última parte de nosso Guia apresenta três fragmentos de entrevistas realizadas em contexto investigativo, bem como aspectos sobre seu planejamento. Os nomes e as situações que aparecem nessas entrevistas são fictícios. As duas primeiras não possuem relação alguma com pessoas ou ocorrências reais, e destinam-se exclusivamente a apontar erros e acertos praticados por entrevistadores inexperientes. A terceira entrevista é inspirada em um caso real, e foi devidamente adaptada pelos autores para ilustrar a forma como a entrevista investigativa deve ser conduzida. Em determinados momentos do texto são utilizadas reticências [...] para representar conversas adicionais, desnecessárias ao entendimento. Os comentários estão incluídos no decorrer do diálogo e em destaque. Procure ler o texto imaginando as expressões, a conduta não verbal, bem como todo o ambiente. Ao visualizar o contexto da entrevista ficará mais fácil identificar pontos considerados relevantes. Procure associar as observações com os textos lidos na parte II deste Guia.

SITUAÇÃO 1

Márcia testemunhou um acidente de trânsito que envolveu um carro e uma motocicleta. No momento do acidente, estava sentada em um ponto de ônibus, de onde presenciou tudo o que ocorreu. Ela foi contatada pela seguradora do motorista que conduzia o carro, e concordou em falar sobre o ocorrido. Márcia, que é conhecida como "Marcinha" por todos os seus amigos, é vendedora de artigos femininos, passa o dia circulando em casas para oferecer e entregar seus produtos. Possui uma renda mensal de cerca de R$ 3000,00, é casada e tem um filho. Mora na região metropolitana, tendo que utilizar dois meios de transporte para chegar ao centro da cidade, percurso que demora em torno de duas horas para ser feito. Fábio é o entrevistador da seguradora. Ele entrou em contado com a testemunha por telefone. Explicou a situação e agendou uma entrevista que será realizada no escritório da empresa, às 8h00 da manhã, de uma terça-feira. A finalidade é obter o relato sobre o acidente. O entrevistador não formalizou o seu planejamento.

Por volta de 7h55, Márcia chegou ao escritório, se identificou na portaria e ficou aguardando o momento de ser atendida.

Fábio chegou ao escritório às 8h30 e pediu para Arlindo, funcionário terceirizado da empresa que faz a conservação predial, ir buscar Márcia e levá-la até a sala no 13º andar do prédio, onde a entrevista aconteceria. Lá chegando, ela foi orientada a aguardar novamente. Ao chegar, Fábio retira diversos materiais que estão sobre a mesa e senta-se, ficando os dois no dispositivo, conforme a imagem a seguir.

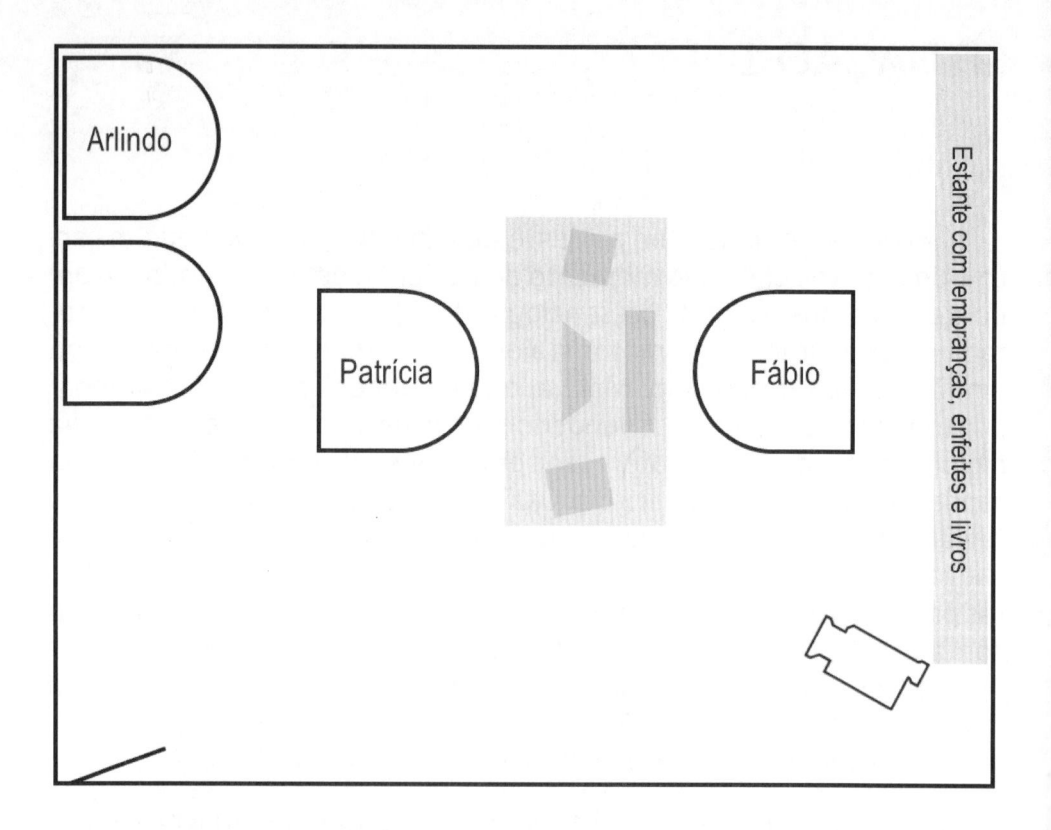

Por volta de 9h00, Fábio chegou ao local e iniciou a entrevista, a qual está parcialmente transcrita a seguir:

Comentários sobre o planejamento

O planejamento para a entrevista foi praticamente ignorado. O horário marcado foi incompatível com a rotina da testemunha (fato que será percebido no desenrolar da entrevista). Não havia ninguém esperando a testemunha e o entrevistador cometeu um erro básico para a construção de um bom vínculo: deixá-la esperando no local. Tal descaso certamente prejudicou sobremaneira o estabelecimento do rapport e poderia, caso Márcia não tivesse paciência para ter esperado, ter impedido a realização da entrevista. Não foi pensada em uma segunda pessoa para redigir o termo de declaração e foi solicitado apoio de um funcionário sem nenhuma relação com o caso, o qual ainda permaneceu no interior da sala de entrevista. Não havia café ou água para oferecer à testemunha. O ambiente possuía vários objetos de distração no campo visual da testemunha e a mesa existente entre ela e o entrevistador, além de comprometer a percepção da comunicação não verbal por parte do entrevistador, também cria uma barreira (física e psicológica) que prejudica a criação do rapport.

Fábio	E aí, Márcia! como estão as coisas?

Nota-se, inicialmente, que Fábio inicia a conversa de forma abrupta, tratando Márcia como uma velha conhecida. Essa conduta pode criar uma barreira psicológica que irá comprometer toda a condução da entrevista.	
Márcia	Bom dia! (Olhando para o relógio).
Conduta típica de uma pessoa ansiosa por conta do horário. Neste caso, Márcia já esperava há algum tempo pelo início da entrevista. Fábio chegou bastante atrasado... Uma falha gravíssima!	
Fábio	Bom dia! Podemos iniciar a conversa sobre o assunto que tratamos ao telefone?
Márcia	Sim...
Não houve conversa preliminar para que Fábio pudesse verificar o grau de ansiedade de Márcia. Um diálogo prévio seria importante também para facilitar o estabelecimento do rapport. Fábio também não explicou como se desenvolveria a entrevista, tampouco apresentou e explicou a função das demais pessoas que se encontravam na sala.	
Fábio	Ok, você poderia me contar o que aconteceu naquela manhã?
Márcia	Eu estava aguardando o ônibus para entregar uma encomenda, quando vi um carro vermelho em alta velocidade que...
Márcia foi "jogada" diretamente na narrativa, sem uma recriação mental do contexto que a auxiliasse a recordar os fatos presenciados. Fábio não explicou a ela que o relato poderia ocorrer pelo tempo que ela julgasse necessário, e que deveria ser completo (com todos os detalhes que ela se recordasse) e sem conjecturas (sem opiniões pessoais sobre o fato).	
Arlindo	(Telefone toca e ele sai da sala para atender. Retorna após alguns minutos, provocando nova interrupção ao relato).
Interrupções inadmissíveis que podem comprometer o processo de evocação de memórias durante o relato da testemunha.	
Márcia	Bem, continuando, eu estava sentada no ponto de ônibus quando vi um carro vermelho passar em alta velocidade. Parecia desgovernado. O carro passou em frente ao ponto, furando o sinal de trânsito e batendo na motocicleta. O motoboy voou longe. Foi tudo muito rápido e me assusto até hoje quando me lembro do barulho que ouvi.
Fábio	(Sorrindo) Interessante...
Termo inadequado para utilizar como demonstração de que estava acompanhando o relato. Tal conduta pode dificultar o estabelecimento do rapport (que aparentemente já não era dos melhores) e comprometer ainda mais a condução da entrevista.	
Márcia	Interessante? (Irritada) Foi um momento muito ruim pra mim, fiquei dois dias sem dormir direito, pois vi um cara morrer na minha frente. Não tem nada de interessante nisso! (Apertando com uma das mãos os dedos da outra)

> Apertar partes do próprio corpo (gesto manipulador) sugere aumento da ansiedade. Lembre-se que a interpretação da comunicação não verbal deve ser efetuada a partir de uma linha de base, geralmente traçada durante o contato inicial com a testemunha, o qual Fábio não realizou...

Fábio	Desculpe. Você viu se o carro capotou depois?
Márcia	Depois que o garoto voou longe, o carro girou umas três vezes e acabou batendo no muro. Muita gente correu para ajudar, tanto o motorista do carro quando o motoboy caído. Depois chegou a ambulância e em seguida o meu ônibus. Eu não vi mais nada depois. Coitado do garoto...

> Márcia havia acabado de relatar o fato. Não houve uma pausa para que ela pudesse retomar a narrativa espontaneamente. Fábio a interrompeu com uma pergunta sugestiva (introduzindo um elemento contaminador). Fábio deveria permanecer em silêncio por um instante, e tentar incentivá-la a retomar a narrativa apenas com o uso da comunicação não verbal.

Fábio	Você saberia me dizer a hora que... (Interrompido por Márcia)

> A pergunta está colocada em um momento inoportuno, a fase do relato livre ainda não foi encerrada. Perguntas fechadas são úteis e por vezes necessárias. Neste caso, contudo, além de inoportuna a pergunta também foi mal formulada... A pergunta correta seria: que horas aconteceu?

Márcia	O que é aquilo? (Apontando para a câmera)
Fábio	Estamos gravando a nossa conversa, espero que não se incomode...
Márcia	Eu me incomodo sim... Mas agora já era...

> A gravação deve ser mencionada logo no início da entrevista. Ao explicar o motivo de sua realização, o entrevistador tem a oportunidade de detalhar como será desenvolvida a atividade. A testemunha não tem obrigação de compreender que uma câmera esteja efetivamente filmando o ambiente.

Fábio	Desculpe Márcia, eu achei que você já tinha percebido. Retornando ao assunto, você saberia me dizer a hora que ocorreu o acidente?

> As sucessivas falhas cometidas por Fábio até o momento já teriam comprometido qualquer tentativa para o estabelecimento do rapport. Ainda assim, ele deveria ter explicado melhor sobre o motivo da gravação.

Márcia	Era perto das 10h... Lembro que tinha acabado de enviar uma foto de um produto a uma cliente... Espera aí que vou olhar no celular... Aqui... 10h03. Eu enviei a foto e estava guardando o celular. De repente ouvi um monte de gente gritando e olhei pra frente...

> Márcia ainda demonstra interesse em ajudar. Isso poderia ser usado por Fábio para reconstruir um vínculo de confiança, mas não foi feito.

Fábio	Certo, você tem certeza de que o sinal estava vermelho para o carro?

Márcia	Não foi isso que eu lhe falei antes? (Elevando o tom da voz) Eu já não lhe disse isso? Está duvidando de mim?

A pergunta questionando uma resposta de Márcia piorou ainda mais a relação. Essa dúvida poderia ser esclarecida em momentos posteriores, mas não enquanto a testemunha ainda estiver desenvolvendo o seu relato.

Fábio	Claro que não Márcia, apenas confirmando, desculpe. Vou lhe pedir mais uma coisa... Você poderia mostrar nesta folha de papel onde já estão desenhados o carro e o ponto de ônibus, onde exatamente você estava no momento em que o carro passou?
Márcia	Ok! Deixe-me ver... O carro veio daqui... Aqui é o muro... Eu estava bem aqui (Circula com o lápis).

O uso de um croqui para desenhar ou indicar algo no ambiente pode ser um excelente recurso. Embora nem todas as pessoas tenham as habilidades necessárias para elaborar um desenho, qualquer um pode assinalar pontos específicos sobre um croqui previamente elaborado. Cuidado, contudo, ao apresentar croquis, documentos ou fotografias que contenham informações que a testemunha não conheça, pois isso poderá contaminar o conteúdo do seu relato. Cuidado especial ao apresentar fotografias do evento, pois elas podem trazer à tona emoções indesejadas.

Fábio	Ok... Muito obrigado... Você se lembra de mais algum detalhe que possa me passar?
Márcia	Olha, não me lembro de mais nada, estou acordada desde às 5h da manhã, não consegui tomar café direito porque tive que preparar o almoço do meu marido antes de sair de casa. Esperei mais de uma hora por você e ainda tenho várias entregas para fazer... Posso ir embora?

Nesse momento Márcia demonstrou claramente que já não estava mais disposta a colaborar com a entrevista.

Fábio	Desculpe Márcia, eu tive um probleminha particular e acabei chegando um pouco atrasado. Agradecemos a sua presença, foi muito útil para entendermos tudo o que aconteceu.

A justificativa pelo atraso de Fábio foi muito fraca... Além disso, ele não advertiu a Márcia que ela deveria entrar em contato caso se lembrasse de algum novo detalhe sobre o acontecido... E também não lhe informou como poderia fazer esse novo contato, caso fosse necessário.

Márcia	Posso ir?
Fábio	Sim, a senhora pode ir, o Arlindo vai acompanhá-la.

Não ocorreu a leitura do termo de declaração. A testemunha, quando escuta o que acabou de relatar, tem a oportunidade de acrescentar novos detalhes, que não foram mencionados anteriormente. Além disso, ela pode fazer correções que contribuirão para a acurácia do seu relato.

Márcia	Ok, senhor Fábio. Passar bem!
Fábio	Obrigado, até mais.
As despedidas sugerem que não foi construído um vínculo adequado entre Fábio e Márcia durante a entrevista.	
Márcia	(Já fora da sala, se dirigindo a Arlindo). Que saco... Perdi uma manhã inteira de trabalho, gastei dinheiro com a passagem de dois ônibus e estou com fome! Agora vou levar mais duas horas para voltar pra casa, e só depois vou sair pra trabalhar... Nem um café eu ganhei...
Arlindo	(Sem saber o que dizer, concorda com a cabeça).
Arlindo não tinha como ajudar, mas ficou compadecido com a situação.	

SITUAÇÃO 2

A PORTLAND INCOROPORATED é uma multinacional que possui sede no Brasil. Duas semanas atrás, um incêndio destruiu parte do seu almoxarifado. A empresa possui uma Divisão de Segurança Patrimonial que ficou responsável por apurar as causas do sinistro, com o objetivo de atualizar as medidas internas para o gerenciamento de riscos. No decorrer dos trabalhos, foi identificado que o funcionário Josias (vigilante noturno) estava presente no início do incêndio, tendo sido o responsável por acionar oportunamente o Corpo de Bombeiros. Este fato que contribuiu para que o incêndio não tomasse proporções maiores, o que poderia resultar na destruição do complexo de processamento de dados da empresa, que funciona no prédio ao lado do almoxarifado. Josias prontificou-se em colaborar com as investigações internas destinadas ao esclarecimento do fato.

Josias trabalha como vigilante noturno nesta companhia há vinte anos. Seu salário mensal é de cerca de R$ 2.500,00. Ele é chamado pelos colegas por "Seu Jô". É viúvo e reside em uma casa humilde na periferia da cidade. Muito contido em suas despesas, consegue bancar os estudos universitários de sua única filha. Matheus é o chefe da Divisão de Segurança, que possui mais dois integrantes: Felipe e Ana. Matheus entrou em contato com Josias e agendou uma entrevista a ser realizada logo após o encerramento do seu turno. Não foi formalizado o planejamento.

Por volta das 6h00, Josias passou o seu turno para o próximo vigilante, e seguiu para a sala da Divisão de Segurança. Chegando ao local, encontrou-se com Matheus e Felipe, que lhe ofereceram um generoso café da manhã com diversas iguarias, dentre as quais um delicioso bolo de tapioca, que era o seu favorito (era o prato que sua finada esposa sempre fazia). Os três passaram cerca de vinte minutos conversando sobre assuntos diversos, Josias contou sobre a sua esposa, disse várias vezes que o bolo parecia com o dela e chegou a se emocionar. Falou do orgulho que sente da filha na faculdade e de como é feliz na empresa em que trabalha há mais de duas décadas. Estando todos satisfeitos com o breve lanche, Matheus solicitou que Josias entrasse na sala para que pudessem conversar sobre o que havia sido combinado previamente. Ana chegou nesse momento, e também entrou na sala com eles. Felipe despediu-se de todos. Ana, Josias e Matheus ocuparam posições de acordo com a imagem abaixo.

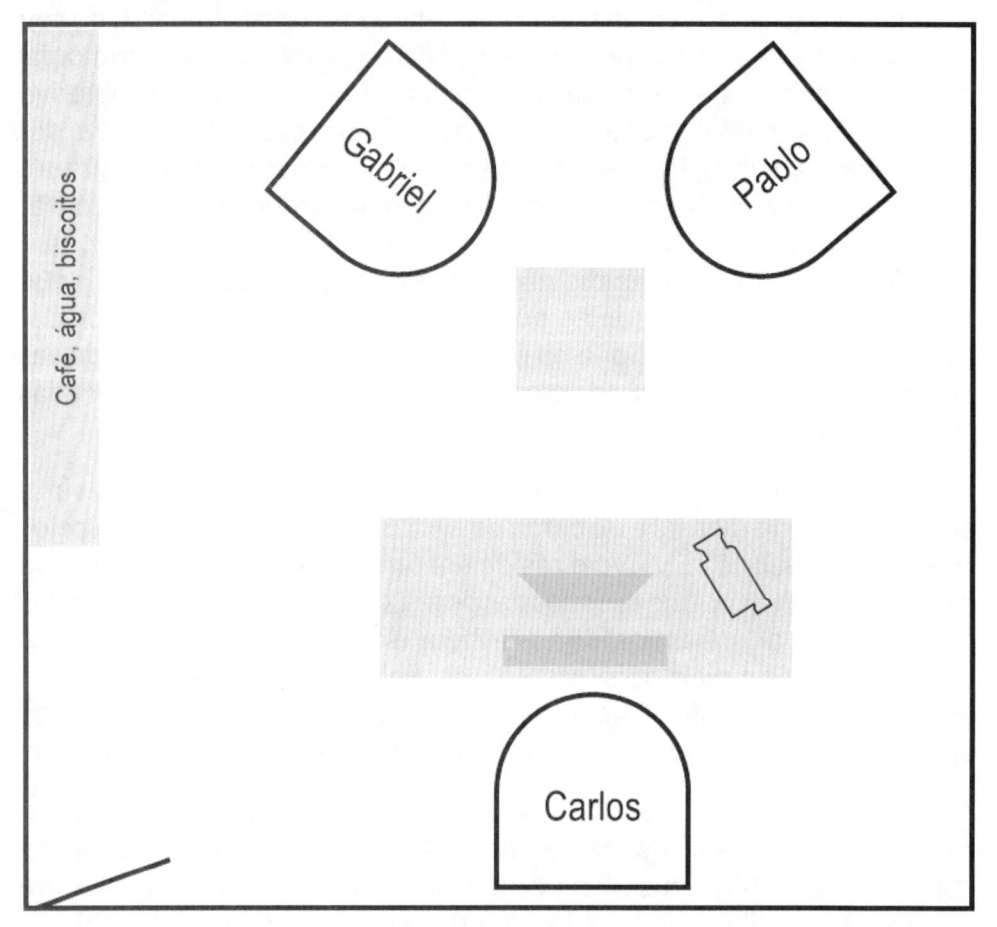

Com todos devidamente acomodados, Matheus iniciou a entrevista, a qual está parcialmente transcrita a seguir.

	Comentários sobre o planejamento
	O horário agendado, logo após o expediente noturno, no qual Josias passou a noite acordado, não permitirá que a testemunha esteja em suas melhores condições orgânicas para poder rememorar toda a situação da forma mais adequada. Certamente Josias estará cansado, o que comprometerá o seu engajamento na entrevista. O ideal é agendar a entrevista para um horário em que o declarante esteja sem compromissos, descansado e sem outros fatores que possam afetá-lo de algum modo, como datas comemorativas (aniversário do filho) ou dias significativos (data de falecimento de um parente querido, por exemplo).
Matheus	Bem Josias... Posso lhe chamar de Seu Jô?
Josias	Hahaha... Claro senhor Matheus, todos me chamam assim!
	A disposição dos presentes na sala de entrevista não foi a mais adequada. Ao posicionar-se de forma diametralmente oposta ao declarante, e atrás de uma mesa, o entrevistador não contribuiu para o estabelecimento do rapport entre ambos. A abordagem inicial feita por Matheus também foi bastante superficial, embora ele tenha demonstrado preocupação em perguntar ao entrevistado como ele gostaria de ser chamado, não explorou adequadamente outros elementos para a criação do rapport.
Matheus	Que bom. Você pode me chamar de Matheus também, o Senhor está o céu... Hahaha... Conforme conversamos anteontem, nós gostaríamos de entender melhor o que aconteceu naquele dia do incêndio no almoxarifado...
Josias	Ahn... ahn...
Matheus	Como você sabe, eu sou o chefe da Divisão de Segurança, e por isso preciso entender bem como foi o incêndio, de forma a evitar que ocorra algo similar no futuro, e possa proteger a empresa e os funcionários da melhor maneira possível.
	O entrevistador poderia ter apresentado Ana, que também estava na sala e tinha uma função específica a cumprir. Também não comentou sobre a gravação da entrevista. Matheus deveria ter explicado em detalhes como seria conduzida a entrevista e destacado a importância das declarações prestadas por Josias para a elucidação dos fatos.
Josias	Sim... Sim! O senhor é o meu chefe!!! (Rindo)
Matheus	Hahaha! mais ou menos isso mesmo... Acho que a primeira coisa que poderíamos fazer é você nos contar tudo o que aconteceu naquela noite, desde a hora que você assumiu o posto de trabalho. Era uma quarta-feira. Naquele dia fez muito calor e teve um jogo da Seleção Brasileira... Sei que você gosta de futebol... Seu turno começou às seis da tarde como sempre e, como sempre também, você chegou no horário... Você poderia me contar o que se recorda sobre o que ocorreu a partir desse momento?

Praticamente não trabalhou a recriação do contexto, a qual poderia ser conduzida solicitando ao declarante que reconstituísse em sua mente aspectos relacionados ao dia do evento. Além disso, não foi claro sobre o nível de detalhamento desejado no relato que seria realizado, tampouco destacou a importância de que o declarante mencionasse apenas o que efetivamente se recordava sobre o fato, evitando suposições.	
Josias	Sim... Sim... Eu adoro futebol... A seleção goleou a Argentina com três gols de Neymar... Foi muito bacana... Pena que não consegui ver o segundo tempo direito...
Matheus	Ahn... ahn....
Josias	Lá pelos quinze minutos do segundo tempo, quando eu ouvi um barulho alto, tipo uma explosão... Fui correndo olhar... O barulho veio da parte de trás do almoxarifado, ponto que as câmeras não pegam... Já avisei um monte de vezes... Enfim...
Ana	(Anota a observação sobre as câmeras).
Josias	Chegando lá, eu vi um vulto correndo na direção da grade externa... Eu segui atrás para tentar identificar e gritei para parar, mas não me deu ouvidos... Continuou correndo, chegou no portão e saiu... Quando cheguei, eu percebi que o portão estava arrombado, e a câmera que fica direcionada para ele estava apontando para cima... Achei estranho, pois não vi problemas nas câmeras antes...
	Entrei em contato com o supervisor e, enquanto falava com ele, vi um fogaréu saindo pela janela do almoxarifado... Expliquei para o Paulo, o supervisor, desliguei o telefone e em seguida liguei para os bombeiros... Corri até a porta principal do almoxarifado e vi que estava trancada, fiquei tranquilizado, pois imaginei que não tinha ninguém ali dentro...
Matheus	(Acompanha atentamente o relato feito por Josias e acena afirmativamente com a cabeça).
Josias	(Prossegue em seu relato). Fui até o muro lateral onde tem um grande extintor e cheguei perto da janela pra apagar... Não consegui... Estava muito quente... Voltei até a guarita e percebi que a imagem do portão dos fundos não estava funcionando, mas tenho certeza se funcionava antes. Mesmo durante o jogo eu não desgrudo o olho da tela... Eu só escuto o jogo no meu radinho... Assisto os gols no intervalo... Golaço aquele segundo do Neymar... (Passa alguns instantes falando de futebol e de quando foi jogador em times de segunda divisão na sua juventude).
Neste momento percebe-se a falta que faz uma explicação preliminar sobre a forma como será conduzida a entrevista. Isso simplesmente não foi feito inicialmente. Nada foi dito sobre a importância do relato, que agora é continuamente interrompido com informações absolutamente desconexas, as quais são irrelevantes para a apuração do fato.	
Matheus	(Continua sinalizando com indicadores não verbais e torcendo para que Josias retome a narrativa do evento).

Josias	Bem... O senhor não diz nada, então eu vou falando... Uns minutos depois que eu vi que a imagem estava faltando, o Marcelo, vigilante da área interna chegou dizendo que o Paulo mandou ele até lá para ajudar... Pedi que o Marcelo ficasse na guarita e fui dar uma volta pela cerca... Percebi um buracão em um ponto bem escuro que não dá pra ver na imagem da câmera... Acho que foi ali que o cara entrou e só quebrou a câmera na saída... Só não sei como arrombou tão rápido... Eu não vi mais ninguém... Quando terminei de dar a volta, o fogo já estava alto... Saindo por três ou quatro janelas... Aí chegaram os bombeiros e começaram a apagar... Um tempinho depois chegou o supervisor Paulo, e aí eu fiquei na guarita até o final do meu turno.

Pelas palavras do declarante, percebe-se que ele espera por alguma pergunta do entrevistador. Não poderia ser diferente... Matheus não explicou a Josias que durante o seu relato ele não faria perguntas. O correto seria explicar-lhe isso inicialmente, e esclarecer que ele teria o tempo que precisasse para narrar o que se recorda sobre o evento.

Ana	Seu Jô, o senhor lembra que horas era isso?

Interrupção inadequada de Ana (que, aliás, sequer foi apresentada ao Josias desde o início da entrevista). Se ela esperasse um pouco mais, seria possível que o Josias retomasse a sua declaração espontaneamente, e agregasse algum novo elemento ao seu relato.

Josias	Não sei direito... Eu não uso relógio... (Mostrando os braços). Sei que não demorou muito para os bombeiros e o Paulo chegarem não...
Matheus	Seu Jô... Muito obrigado pelas informações... Fico muito contente com a preocupação do senhor com a empresa, não apenas com o material, mas principalmente com as vidas... Isso demonstra que o senhor é um excelente profissional, meus parabéns... Fico contente que o senhor não tenha se machucado... Apagar fogo não é brincadeira não!

Ao perceber que falhou ao não efetuar uma abordagem inicial adequada, Matheus tenta estabelecer rapport a partir da conduta narrada pelo declarante. Conduto, ao agir dessa forma, além de interromper o processo de recuperação de memórias, ele contribui para a contaminação da narrativa com ideias que não pertencem inicialmente à testemunha.

Josias	Não é mesmo... Uma vez pegou fogo no centro de treinamento do clube... (Passa alguns minutos contando sobre o caso).
Matheus	(Com ar de surpresa). Poxa Seu Jô... Foi feia a coisa, hein? Alguém se machucou?

Novamente a postura do entrevistador desvia o foco do declarante, e não contribui para o seu engajamento na entrevista.

Josias	Graças a Deus, não...
Matheus	Seu Jô! Deixe-me perguntar uma coisa... O vulto que fugiu pelo portão... Dá pra saber quem era?

A pergunta foi mal formulada. Uma pergunta fechada com apenas duas respostas: sim ou não. Josias poderia ter incluído mais informações na resposta, mas responderá apenas o necessário. Uma pergunta melhor formulada ajudaria a evocar mais detalhes sobre o assunto.	
Josias	Não.
Matheus	Entendo... No início do seu turno, o senhor viu alguma coisa de anormal? Gente andando por ali? Na tela de monitoramento ou na rua mesmo?
O entrevistador fez três perguntas em uma só. Não se deve complicar as perguntas. Devem ser feitas uma por vez, sobre um mesmo assunto.	
Josias	Não vi nada não... Tudo normal... Passa muito pouca gente por aquelas bandas...
Pode-se perceber que Josias teve dificuldade para responder às três perguntas, sendo extremamente sucinto em suas palavras, pois não sabia especificamente sobre o que devia falar.	
Matheus	Certo... Na hora que estava indo para ver o que foi o barulho alto, você andou pelo gramado e passou perto da grade lateral... De lá dá pra ver bem o portão dos fundos... Se o senhor estivesse lá... Será que daria pra ver o vulto?
Matheus emprega, de forma equivocada, um método de recuperação de memória, pedindo que Josias descreva o que veria por outra perspectiva, mas sem explicar-lhe previamente o propósito desta solicitação. A técnica deveria ter sido mais elaborada para surtir os efeitos desejados.	
Josias	Sabe de uma coisa... O sen... Você... Está certo... Logo que vira na parte dos fundos dá pra ver bem o portão e eu lembro que vi um clarão vindo do poste onde fica a câmera... Também acho que ouvi algo, mas não tenho certeza...
Matheus	Ótimo seu Jô... Como disse... Qualquer detalhe é importante...
(Seguem-se outras perguntas e respostas)	
Matheus	Mas me conte Seu Jô... O senhor é bom de bola e teve só uma filha... Fica triste com isso?
Matheus já desvia o assunto da entrevista para outros temas triviais, enquanto Ana finaliza a redação do termo de declaração. Ele termina a entrevista sem perguntar ao Josias se haveria mais alguma informação importante a acrescentar sobre o assunto e, ainda por cima, evoca a emoção da "tristeza" (a qual não será aceita por Josias em sua resposta), sendo que o mais recomendável é justamente o contrário: a última emoção evocada em uma entrevista deve ser algo positivo e animador...	
Josias	Que nada... Minha filha jogou futebol a vida toda... Chegou ao time de base, mas acabou deixando para ir pra faculdade... Eu te digo que fiquei triste e contente... Minha filha vai ser doutora...
Matheus	Que orgulho, hein! Seu Jô... Acho que era isso que a gente tinha que conversar... Obrigado por sua valiosa colaboração.

\multicolumn{2}{l}{*Matheus preocupou-se em agradecer ao Josias por sua declaração, mas não realizou a leitura final do termo de declaração. Esse momento é muito útil para efetuar pequenas correções e também para que o declarante possa se recordar de novos detalhes.*}
Josias	Disponha!... Estou cansado, mas contente por poder ajudar... A noite foi longa... Espero que vocês descubram o que aconteceu...
\multicolumn{2}{l}{*A entrevista foi marcada para o dia seguinte ao expediente noturno. Isso não é adequado e caracteriza uma falha de planejamento, que pode, inclusive, ter comprometido a qualidade do relato prestado por Josias.*}
Matheus	Certo seu Jô... A Ana vai chamar o Felipe aqui e ele vai te levar em casa hoje, ok? Motorista... Chique né?
\multicolumn{2}{l}{*Se havia a possibilidade de providenciar transporte, o planejamento poderia ter contemplado buscar o declarante em sua casa, em um horário mais confortável, em lugar de submetê-lo a uma entrevista após o término de um extenuante plantão no período noturno.*}
Josias	Poxa doutor... Não precisava, mas encarar duas horas de ônibus agora seria ruim mesmo... Quando saio no horário eu pego menos trânsito, aí dá menos de uma hora... Rapidinho estou deitado na minha cama... Hahaha...
Ana	(Chama Matheus e aponta para a câmera).
Matheus	Ahhhh... Esqueci de avisar que a gente gravou tudo, ok? Você não vê problemas, né Seu Jô?
Josias	Ééééé... Não... Não vejo...
\multicolumn{2}{l}{*Não houve menção alguma sobre a gravação durante toda a entrevista, e nem foi colhida a assinatura do declarante autorizando a sua realização.*}
Felipe	(Entra na sala). Olá, voltei... Vamos nessa, Seu Josias? Vou te levar em casa...
\multicolumn{2}{l}{*No encerramento, o entrevistador deve advertir ao declarante de que novas recordações podem surgir posteriormente ao término da entrevista. Convém, ainda, lhe passar contatos pessoais, para que ele possa telefonar, caso venha a se recordar de algo novo.*}
\multicolumn{2}{c}{Todos se despedem e Felipe leva Josias até a sua residência.}

SITUAÇÃO 3

Chegou ao conhecimento da corregedoria de uma agência governamental uma denúncia anônima relatando situação de assédio sexual, a qual teria ocorrido há cerca de seis meses, em uma sala no interior das instalações da agência.

A denúncia cita o nome do servidor Augusto como tendo assediado uma funcionária da limpeza, em sua sala, porém fora do horário do expediente, quando já não havia outros servidores no local. O texto, que foi encaminhado inicialmente à ouvidoria do órgão, por e-mail, afirma ainda que o fato poderia ser comprovado acessando-se as imagens do circuito interno de TV, pois o assédio teria iniciado em um saguão, situado ao lado da cafeteria.

A partir do recebimento da denúncia, foram iniciadas investigações e foi pesquisado o banco de imagens do CFTV. As filmagens ficam armazenadas por aproximadamente três meses, sendo que depois deste prazo são sobrescritas por novas gravações. Foi levantado que Gabriel era o operador das câmeras na data do ocorrido. No livro de registros diários, utilizado pelos operadores das câmeras de monitoramento, não há nenhuma informação sobre o fato relatado na denúncia. O único registro refere-se a uma reunião conduzida pelo chefe do setor com todos os membros da equipe para apresentar o novo sistema com equipamentos de alta definição, que seria implantado em todas as instalações da agência. Essa reunião ocorreu na própria sala dos operadores de CFTV.

A agência possui uma forte estrutura de segurança. A responsável pelas apurações da corregedoria é Débora, uma policial militar aposentada que conseguiu especializar, em várias áreas, boa parte de seu quadro de servidores. Na equipe da corregedoria existem três entrevistadores. Mariana já realizou dois cursos de entrevista, mas possui pouca experiência, Carlos é o mais novo integrante da agência e ainda não tem especialização alguma em entrevistas e Pablo é entrevistador mais experiente, com vários cursos na área.

Débora determinou que Pablo realizasse o planejamento para conduzir a entrevista com Gabriel de forma a levantar o máximo de informações possíveis para prosseguir na investigação, procurando, inclusive, identificar a suposta vítima.

Pablo planejou uma entrevista para o período da tarde em um dia de folga de Gabriel. Foi providenciado para que o dia da entrevista contasse como expediente normal, de forma a não comprometer o seu período de descanso. Um motorista da agência foi buscá-lo em sua residência e permanecera aguardando para levá-lo de volta à casa ao final da entrevista. O planejamento da atividade foi minucioso e bem realizado.

Gabriel é um senhor de 54 anos, e trabalha na Agência há mais de duas décadas. É casado e tem dois filhos já adultos. Possui ensino médio completo e recebe cerca de R$ 4.500,00 por mês. É muito bem quisto pelos profissionais com os quais trabalha e sempre bastante atencioso. É o operador de CFTV com mais tempo de serviço na agência.

Por volta de 14h45, Gabriel chega ao local da entrevista, onde já lhe aguardavam Débora, Pablo e Carlos. Os quatro fazem um pequeno lanche, já previamente preparado para a atividade e, por volta de 15h00, Débora sugere que eles sigam com a atividade prevista, se despedindo e deixando o local. A seguir, Gabriel, Pablo e Carlos entram na sala e ocupam as posições a seguir:

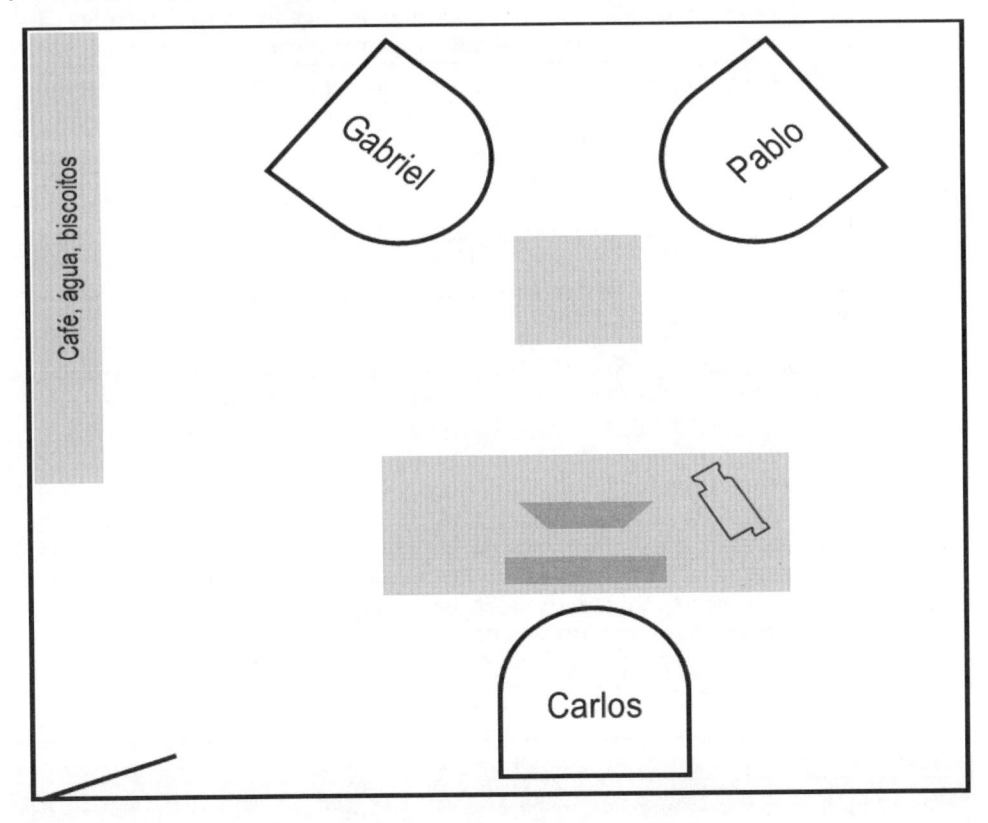

A partir desse momento, Pablo inicia a entrevista, a qual está parcialmente transcrita no fragmento a seguir:

Comentários sobre o planejamento

Percebe-se que o planejamento foi bem executado. Houve preocupação em selecionar o melhor entrevistador possível, a escolha do horário foi adequada e o local estava devidamente preparado. A testemunha não teve prejuízo no seu horário de folga, tampouco teve que gastar dinheiro com transporte para ir prestar a sua declaração. O dispositivo para a entrevista foi preparado anteriormente. Foi planejado um pequeno lanche antes da entrevista com a presença de mais pessoas, contribuindo para a criação de um ambiente agradável e, assim, já ir preparando a testemunha para a entrevista. Esse momento inicial contribui muito para a criação do rapport. É o chamado "quebra gelo". Devem ser tratados assuntos diversos, fora do foco da entrevista, para que o entrevistado fique o mais à vontade possível e crie um vínculo de confiança com o entrevistador.

Pablo	Bom dia, senhor Gabriel!
	Como disse anteriormente, meu nome é Pablo e aquele ali atrás do computador é o Carlos, ele vai nos ajudar digitando toda a nossa conversa. Aquela câmera ali (aponta para a câmera) também vai filmar a nossa conversa. A finalidade é não precisar chamar o senhor aqui novamente caso a gente tenha alguma dúvida depois. Tudo bem para o senhor?
Gabriel	Sim, tudo bem! Eu trabalho no monitoramento do CFTV e já estou bem acostumado com as câmeras... Kkk...

De forma clara foi apresentada a câmera e as funções das demais pessoas presentes (no caso, apenas o Carlos).

Pablo	Ótimo! Primeiramente eu gostaria de saber como o senhor prefere ser chamado?
Gabriel	Pode me chamar só de Gabriel mesmo. Não precisa me chamar de senhor não...

Descobrir a forma como a testemunha prefere ser chamada é conveniente já no início da entrevista. De fato, isso pode ajudar inclusive no estabelecimento do rapport. A testemunha decide como prefere ser chamada, e o entrevistador deve se adequar a essa situação.

Pablo	Perfeito, Gabriel! A nossa conversa vai transcorrer por etapas. Primeiramente eu vou solicitar a você que faça um relato, sobre um dia específico de trabalho. Nesse momento, eu passarei a palavra a você, para que me descreva tudo o que se recorde sobre esse dia. Enquanto você estiver falando eu não irei te interromper e também não farei perguntas... Você pode usar o tempo que julgar necessário para fazer o seu relato. Não temos pressa, então fique à vontade e use o tempo que for preciso para falar tudo o que se recorde. Tudo bem?
Gabriel	Ok! Sem problemas...

Foi explicado claramente como os trabalhos seriam conduzidos. Percebe-se a preocupação do entrevistador em deixar claro, já no início da entrevista, que a testemunha é a "dona" do tempo e é ela quem ditará o ritmo da entrevista.

Pablo	Muito bem, Gabriel! Eu gostaria que você nos relatasse absolutamente tudo o que se recordar sobre esse dia do qual vamos tratar. Cada detalhe, por mais insignificante que pareça, será muito importante para nós.
Gabriel	Ok! Tudo certo!
Pablo	Gabriel, também é fundamental que você mencione apenas aquilo que se recorde sobre essa data. Caso você não se recorde de algo, basta dizer que não se lembra, e não haverá problema algum com isso... Ok?
Gabriel	Tudo bem! Pode deixar comigo.
Pablo	Perfeito, Gabriel. Você se recorda do dia em que o chefe da equipe realizou uma reunião na sala do CFTV com todos os membros da equipe?
Gabriel	Sim, com certeza! Foi mais ou menos há uns seis meses isso. Foi uma reunião para apresentar o novo sistema de câmeras de alta definição.
Percebe-se aqui a preocupação do entrevistador em levantar, durante o planejamento, algo que tenha ocorrido no mesmo dia do evento que ele deseja abordar. Com base nesse evento, do qual provavelmente a testemunha se recordará, o entrevistador passará a realizar a recriação mental do contexto, objetivando contextualizar a testemunha na situação antes do início do relato livre.	
Pablo	Exatamente! É sobre esse dia que eu gostaria de conversar, Gabriel.
Gabriel	Sem problemas. Eu me lembro desse dia sim. Além de ter sido a apresentação do novo sistema de gravação, foi um encontro bem legal, porque como nós trabalhamos em esquema de plantão, raramente nos reunimos todos de uma única vez.
Não foi um "corte" na fala de Gabriel. Ainda não foi iniciada a narrativa. Pablo está explicando a atividade e, aos poucos, recriando o contexto da situação desejada.	
Pablo	Sim... Vamos começar então, Gabriel. Mas antes eu gostaria de lhe propor um pequeno exercício... É bem rápido e sempre nos ajuda nesse processo de recordação... Pode ser?
Gabriel	Ok... (acenando afirmativamente com a cabeça).

Pablo	Ok, Gabriel! Gostaria de lhe pedir para fechar os olhos e recordar desse dia em sua mente... Lembre-se de quando você chegou à sala do CFTV no dia da reunião... (pausa) Lembre-se das outras pessoas que estavam na sala... (pausa) Recorde-se dos objetos e equipamentos da sala... (pausa) Recorde-se também do lugar onde essas pessoas estavam... (pausa) Lembre-se de algo que elas tenham falado... (pausa) Reconstrua toda essa cena em sua mente...
As pausas entre as frases são importantes para dar tempo à testemunha. São apenas alguns segundos em cada pausa.	
Gabriel	(em silêncio, acena afirmativamente com a cabeça).
Pablo	Muito bem, Gabriel... Quando você achar que já reconstruiu essa cena em sua mente, me avise, por favor.
Gabriel	(ainda de olhos fechados). Ok, Pablo! Acho que consegui visualizar tudo...
Há pessoas que demoram um pouco mais... Outras rapidamente respondem que estão prontas... O entrevistador deve se adaptar ao tempo e ao ritmo da testemunha.	
Pablo	Perfeito, Gabriel. Agora eu gostaria que você me relatasse absolutamente tudo o que se recorda sobre o monitoramento do CFTV neste dia. A partir do momento em que a reunião terminou, e todos os seus colegas se retiraram da sala, até o encerramento do seu plantão. Conte-me tudo o que você se recorda sobre as imagens do monitoramento de CFTV.

Esta é a frase que "encerra" a recriação mental e passa a palavra para a testemunha. A partir de agora o entrevistador deve ficar em silêncio, usando unicamente indicadores não verbais ou frases curtas para demonstrar atenção e interesse pela declaração (escuta ativa). Perceba que, em nenhum momento, houve alguma menção ao fato que está se investigando. Esse é o objetivo, não se deve direcionar a testemunha para o fato em si, sob o risco de perder detalhes relevantes que poderão ser muito significativos para o caso.

Gabriel	Eu iniciei o meu plantão como de costume. Fiz a checagem dos equipamentos e anotei o horário de início e de término da reunião com os colegas do livro de registros diários. Não me ausentei da sala por nenhum período durante todo o meu plantão. Lembro que em um determinado momento fui até à porta para pegar uma garrafa de café, que a Dona Antônia levou para mim, como costuma fazer em todos os meus plantões. Lembro também dos colegas saindo do prédio. Não tenho certeza aqui, mas acho que essa reunião ocorreu no meio da semana, talvez em uma terça ou quarta-feira. (continua relatando várias situações que ocorreram naquele dia)...
Pablo	(ouve atentamente o relato de Gabriel, acenando afirmativamente com a cabeça e eventualmente estimulando-o a continuar através de intervenções verbais curtas como: sim... continue... etc)
Gabriel	(após discorrer alguns minutos sobre situações rotineiras que vieram à sua mente) Além disso, eu tenho a impressão de ter visto mais alguém no prédio de madrugada... (fecha os olhos novamente e fica em silêncio).

Gabriel narrou vários trechos do seu dia que não são estão ligados diretamente ao caso. Tal situação é normal, ele não deve ser interrompido. Quanto mais detalhes ele lembrar melhor será para que outras memórias surjam por associação. Na prática, ele mesmo estará realizando uma grande recriação de contexto, lembrando-se de todos os aspectos daquele dia em particular.

Pablo	Tente se lembrar...
Gabriel	Foi por volta das 2h00... Eu vi o Doutor Augusto e uma menina da limpeza (não me recordo agora quem era). Eles estavam conversando no corredor próximo à cafeteria. (Permanece em silêncio). Mas eu me lembro que antes das 3h00 da manhã, quando terminou o meu plantão, ele já havia saído do prédio...
Pablo	(Depois de aguardar um instante e perceber que Gabriel não retomaria o relato). Recorda-se de mais alguma coisa sobre esse plantão, Gabriel?

Essa pequena espera é muito importante. O entrevistador deve fornecer mais uma oportunidade para que a testemunha prossiga.

Gabriel	Não... Não... Isso é tudo o que eu me lembro.

Pablo	Ok! Muito bom, Gabriel. Você me disse que se recorda de ter visto o Dr. Augusto conversar com uma menina da limpeza no corredor, próximo à cafeteria. Disse também que antes das 3h00 da manhã ele já tinha saído do prédio. Eu gostaria que você tentasse se recordar com mais detalhes do que viu nesse momento. O que acha de repetirmos aquele exercício outra vez?
Gabriel	Claro... Vamos sim!
Pablo	Perfeito, Gabriel. Mas eu gostaria de dizer novamente que você só deve relatar aquilo que se recorde sobre essa situação. Caso você não se recorde de algo, basta dizer que não se lembra... Tudo bem?
	Por vezes, testemunhas procuram responder o que acham que o entrevistador queira ouvir. Caso isso aconteça, o relato não será útil para o prosseguimento da investigação.
Gabriel	Claro... Pode deixar!
Pablo	Quando você estiver pronto para começar, me avise por favor.
Gabriel	(Depois de respirar profundamente e de fechar os olhos de forma espontânea). Estou pronto, vamos em frente!
	O fato de Gabriel fechar os olhos dessa forma, espontaneamente, demonstra que existe rapport e ele confia no entrevistador. Deve-se procurar sempre essa condição.
Pablo	Certo, Gabriel! Eu gostaria que você se concentrasse nas imagens que me relatou.
Gabriel	Certo...
Pablo	Lembre-se exatamente do que você estava fazendo no momento em que viu essas imagens... (pausa) Recorde-se do local no corredor onde eles estavam... (pausa) Recorde-se de outros objetos que apareciam nesse local... (pausa) Lembre-se de como eles estavam vestidos... (pausa) Lembre-se dos gestos e movimentos que eles fizeram... (pausa) Recrie em sua mente, com a maior quantidade de detalhes possível, toda a cena que você visualizou nesse momento. (pausa)

\multicolumn{2}{|c|}{Mais uma vez, as pausas são importantes para dar tempo à testemunha de processar as informações e seguir no exercício proposto.}
Gabriel	(Permanece em silêncio, de olhos fechados e acena afirmativamente com a cabeça).
Pablo	Quando achar que está pronto, conte-me novamente o que você se recorda sobre essa cena, com a maior quantidade de detalhes possível.

O entrevistador utilizou novamente a recriação mental do contexto para procurar obter maiores detalhes sobre o objeto central da investigação, que era a situação envolvendo a Ivete.

Gabriel	(Acena afirmativamente com a cabeça). Eu lembro de ter visto a Ivete... (Estala os dedos da mão esquerda e fecha os olhos novamente por um segundo, com um ar de satisfação no rosto). Ah... É Ivete o nome dela! (Levanta brevemente o dedo indicador da mão esquerda). Ela estava limpando a máquina de refrigerantes, que fica ao lado direito do balcão da cafeteria. (Utiliza a mão direita para demonstrar, gestualmente, a posição da máquina de refrigerantes, localizada lateralmente em relação ao balcão da cafeteria).

Alguns registros de memória, aparentemente perdidos, podem retornar de uma forma súbita, quando menos se espera. As estratégias de recuperação objetivam criar condições adequadas para que isso aconteça.

Pablo	(Acena afirmativamente com a cabeça, demonstrando acompanhar o relato feito por Gabriel)
Gabriel	Isso devia ser por volta de 1h30... 2h00 da manhã... Não sei ao certo. Ela estava sozinha no local e o Doutor Augusto apareceu nessa direção. (Utiliza a mão esquerda para indicar o sentido de movimento).
Pablo	Ok!
Gabriel	Você tem uma folha de papel aí?
Pablo	(Levantou-se e pegou um bloco de notas que ele já havia separado antes do início da entrevista. Pegou também uma lapiseira e entregou ao Gabriel).

Importância de ter o material previamente preparado. A utilização de croquis e desenhos é muito útil para o esclarecimento de algumas situações mencionadas durante o relato.

Gabriel	(Falando enquanto desenha). Olha, essa é a visualização que eu tenho pelo monitor do CFTV. Aqui é o balcão da cafeteria, ok?
Pablo	(Assentindo com a cabeça e alternando o olhar entre a folha de papel e o Gabriel). Ok!
Gabriel	(Falando enquanto desenha). O balcão é mais ou menos dessa altura. Aqui nessa parte tem uma planta de decoração... Eu sei disso porque olho para essa câmera todos os dias... E aqui fica a geladeira de refrigerantes.
Pablo	(Assentindo com a cabeça e alternando o olhar entre a folha de papel e o Gabriel). Ok!
Gabriel	Esse ambiente é bem limpo, bem "clean", não tem muitos detalhes... Além do balcão e da geladeira, tem apenas um sofá, que fica mais ou menos aqui, nessa posição, e um extintor de incêndio, que vai ficar... Exatamente aqui!
Pablo	(Assentindo com a cabeça e alternando o olhar entre a folha de papel e o Gabriel). Certo...
Gabriel	Pois bem, eu me recordo que o Doutor Augusto chegou por aqui, ele veio por essa direção. Na verdade ele tem esse hábito de passar no local e pegar um refrigerante, todas as vezes que fica até mais tarde no trabalho. É um hábito que ele tem...
Pablo	Certo...
Gabriel	Então, nesse dia, eu lembro bem disso agora, ele fez exatamente a mesma coisa... Mas ao invés de voltar para sua sala depois, ele passou um tempo no local, conversando com a Ivete.
Pablo	(Apenas acenando com a cabeça, indicando ao Gabriel que ele poderia continuar).
Gabriel	Bem, eu não sei dizer ao certo por quanto tempo ele ficou por ali... Mas eu me lembro que ele passou um tempo junto com a Ivete.
Pablo	(Apenas acenando com a cabeça, indicando ao Gabriel que ele poderia continuar).
Gabriel	(Colocando a folha de papel de lado). Isso... Agora eu me recordo bem. Eles ficaram conversando, nada demais. Ele pegou um copo de plástico, ofereceu um pouco de refrigerante a ela. A conversa devia estar alegre... Lembro que eles estavam sorrindo. Você sabe, não tem áudio no CFTV. Mas eu lembro que os dois se sentaram no sofá e ficaram ali, conversando e sorrindo por algum tempo.
Pablo	Ok...
Gabriel	(Fecha os olhos e fica em silêncio por algum tempo. Parece estar tentando se concentrar nas suas recordações).
Pablo	E o que mais, Gabriel?
Da mesma forma que na narrativa livre, o entrevistador concedeu uma nova oportunidade para que Gabriel continuasse o seu relato.	

Gabriel	(Permanece em silêncio por mais um instante, e depois prossegue). Ah, sim! Depois de algum tempo, sei lá, talvez vez uns 15 ou 20 minutos, o Doutor Augusto saiu, ele foi até o carro dele, que estava no estacionamento. A Ivete também terminou a limpeza da cafeteria e foi para outro local.
Pablo	E o que aconteceu depois?
Gabriel	Bem, pelo que eu me recordo... O Doutor Augusto retornou para a sala dele depois. Opa! Se eu não me engano... Lembrando bem aqui... Engraçado é que na hora eu nem me toquei para isso, mas a sala que a Ivete entrou depois que terminou a limpeza da cafeteria era exatamente a sala do Doutor Augusto. Isso mesmo! Ela havia entrado na sala dele antes.
Pablo	Certo...
Gabriel	O CFTV ficou bem parado depois... Isso já devia ser mais de 2h00 da manhã... Nessa hora não tem muito movimento pelo prédio. Além de um ou outro funcionário que fica fazendo algum serviço após o expediente, apenas ficam no local um vigilante e uma funcionária da limpeza...
Pablo	Ok...
Gabriel	Hummm... Mas eu lembro agora! Eu lembro que eles apareceram no CFTV de novo um pouco antes do meu plantão acabar.
Pablo	(Apenas acenando com a cabeça, indicando ao Gabriel que ele poderia continuar).
Gabriel	Meu plantão encerra às 03h00, mas um pouco antes disso eu lembro de que a Ivete saiu da sala do Doutor Augusto. Ela saiu, mas ficou ali por perto, sentada no corredor...
Pablo	Certo...
Gabriel	Eu lembro que ela saiu e se sentou no chão mesmo, em um recuo que fica atrás do elevador. Ela colocou as mãos no rosto. Na hora eu pensei que ela estivesse tirando um cochilo.
Pablo	(Apenas acenando com a cabeça, indicando ao Gabriel que ele poderia continuar).
Gabriel	(Enquanto gesticula com as mãos para indicar o que estava dizendo). Bem, a última coisa da qual eu me lembro é que um tempo depois o Doutor Augusto também saiu de sua sala e foi em direção ao elevador. Ele ficou um tempo parado em frente ao elevador e depois foi para a parte de trás, para esse recuo, onde eu falei que a Ivete estava tirando um cochilo.
Pablo	(Apenas acenando com a cabeça, indicando ao Gabriel que ele poderia continuar).
Gabriel	Olha... Eu não tenho certeza...

	Mais uma vez Gabriel se lembrou de vários detalhes e não foi interrompido durante esse processo.
Pablo	Tudo bem... O que aconteceu depois?
	O termo "tudo bem" é bastante adequado nesta situação, pois demonstra que, apesar de não estarem completas, as recordações são relevantes.
Gabriel	Como eu já disse, o monitor do CFTV não tem som e eu não tenho como saber o que eles conversaram... Mas eu tive a impressão que o Doutor Augusto deu uma bronca na menina, porque ela estava dormindo ali, atrás do elevador...
Pablo	(Apenas acenando com a cabeça, indicando ao Gabriel que ele poderia continuar).
Gabriel	(Olhando para Pablo com ar de lamentação). Eu digo isso porque pelas imagens eu vi que eles conversaram alguma coisa. Ela se levantou do chão, onde estava sentada com as mãos no rosto, desse jeito aqui... (Coloca as duas mãos sobre o rosto para indicar a forma como Ivete estava quando o Doutor Augusto apareceu).
Pablo	(Apenas acenando com a cabeça, indicando ao Gabriel que ele poderia continuar).
Gabriel	Então... Acho que ela pode ter levado uma bronca por estar dormindo nessa hora... Eu lembro que ela se levantou e que ele segurou o braço dela, desse jeito aqui... (Demonstrou com a mão direita a forma como o Doutor Augusto teria segurado o braço da Ivete).
Pablo	(Apenas acenando com a cabeça, indicando ao Gabriel que ele poderia continuar).
Gabriel	E ele disse alguma coisa também, enquanto apontava para ela com o dedo da mão esquerda... (Demonstrou o gesto com a sua mão esquerda).
Pablo	(Apenas acenando com a cabeça, indicando ao Gabriel que ele poderia continuar).
Gabriel	Essa situação foi rápida, não durou mais do que uns 30 segundos.
Pablo	(Apenas acenando com a cabeça, indicando ao Gabriel que ele poderia continuar).
Gabriel	Depois disso só o que eu me recordo é que o Doutor Augusto foi até o elevador e desceu até a garagem. Pegou o seu carro e saiu.
Pablo	Ok...
Gabriel	(permanece em silêncio, olhando para baixo, sem acrescentar nada mais ao seu relato).

Pablo	(Permanece em silêncio por alguns instantes, na expectativa de que Gabriel retome novamente o seu relato).
Gabriel	(Permanece em silêncio e faz um leve aceno negativo com a cabeça).
Pablo	Mais alguma coisa que você se recorde sobre esse dia, Gabriel?
Gabriel	Não... Nada mais!
Pablo	(Espera novamente por mais alguns instantes).
	Não se deve interromper a testemunha em seus momentos de pausa. Por vezes, ela estará tentando buscar alguma nova recordação, e uma interrupção indesejada prejudicaria esse processo.
Gabriel	Bem, como eu disse, tudo isso aconteceu perto das três da manhã, quando termina o meu plantão. Logo depois chegou o Roberto, que fez a minha rendição nesse dia... E isso é tudo que eu me recordo.
Pablo	Ok...
Gabriel	E olha, vou ser bem sincero com você... Eu não me lembrava de nada disso. É impressionante mesmo! Não sei como eu consegui me recordar de todos esses detalhes... Mas agora que eu falei, parece que está tudo bem nítido na minha mente.
Pablo	(Com um leve sorriso no rosto). Muito bem, Gabriel! O mérito é todo seu. Você se engajou bastante em seu relato e por isso tivemos excelentes resultados.
	Percebe-se uma relação de confiança entre os dois, a troca de elogios é salutar e contribui ainda mais para o estabelecimento do rapport.
Gabriel	Puxa... Fiquei até um pouco cansado. Kkkkk...
Pablo	(Ainda com um sorriso no rosto). Gabriel, você aceita uma água ou um café?
	Momento ideal para um breve intervalo. Em uma entrevista como essa, já devem ter passado ao menos uns 30 minutos, um breve momento de descanso pode ser importante para o conforto da testemunha.
Gabriel	Sim, eu aceito uma água sim... Se estiver gelada, melhor ainda.
Pablo	(Levanta-se e busca pessoalmente um copo com água gelada para servir ao Gabriel). Aqui, um copo com água gelada!
	O fato de se levantar e buscar a água demonstra apreço e ressalta a importância de Gabriel. Esses pequenos gestos vão naturalmente formando uma relação de confiança entre ambos.
Gabriel	Obrigado!
Pablo	(Espera o Gabriel refrescar a garganta, e depois prossegue). Gabriel, em primeiro lugar, eu gostaria de agradecer muito pela sua colaboração. Suas informações foram muito úteis e vão auxiliar em nossas apurações.

Gabriel	Ok!
Agradecer pelo esforço da testemunha é fundamental.	
Pablo	O nosso colega ali, o Carlos, digitou o conteúdo da declaração. Ele vai imprimir agora. Antes de nós encerrarmos, eu só gostaria de lhe pedir mais uma gentileza, pode ser?
Gabriel	Claro, pode falar!
Pablo	Assim que o Carlos fizer a impressão, eu gostaria de fazer a leitura junto com você. Só para garantir que está tudo certo e que não digitamos nada errado, pode ser?
Explicar como funciona a entrevista é fundamental. A testemunha não tem noção do que deve ou não deve fazer.	
Gabriel	Com certeza, vamos lá!
Carlos	(Levanta-se e entrega uma folha impressa ao Pablo). Aqui está, o termo de declaração.
Pablo	Obrigado, Carlos! Posso ler então, Gabriel?
Gabriel	Sim... Vamos lá!
Pablo	Ok! Caso você perceba que algo foi registrado de forma equivocada, ou se recorde de algum detalhe que ainda não tenha sido mencionado, basta nos avisar, que faremos a correção na hora, tudo bem?
Ressaltar que, durante a leitura do termo, a testemunha deverá interromper a qualquer momento para efetuar correções é importante. O redator (Carlos) deve estar pronto para efetuar as correções e imprimir novamente o documento para que seja assinado em sua versão final.	
Gabriel	Tudo bem!
Pablo	(Começa a leitura do termo, em voz clara e de forma pausada). Nesta data, compareceu à sala da corregedoria o senhor Gabriel Dias Dantas, servidor lotado na área de segurança, que desempenha suas funções junto à equipe de operadores de CFTV.
Gabriel	(Permanece em silêncio. Olhos abertos, voltados para o lado. Assentindo afirmativamente com a cabeça, demonstra acompanhar de forma atenta a leitura do termo de declaração).

Pablo	(Prossegue com a leitura do termo de declaração). Questionado sobre o fato que é objeto de apuração, o servidor esclareceu: Que se recorda de ter visto, por volta das 2h00, o Doutor Augusto e uma funcionária da limpeza conversando no corredor, próximo à cafeteria. Que o nome da funcionária da limpeza era Ivete. Que Ivete estaria inicialmente limpando a máquina de refrigerantes. Que a máquina de refrigerantes fica ao lado direito do balcão da cafeteria. Que o Doutor Augusto chegou depois ao local. Que o Doutor Augusto tem o hábito de passar nesse local e pegar um refrigerante, sempre que fica até mais tarde no trabalho. (Faz uma pequena pausa e olha para Gabriel).
	Importante ler de forma pausada e esperar a testemunha concordar com os trechos que forem sendo lidos.
Gabriel	(Assentindo afirmativamente com a cabeça). Exato!
Pablo	(prossegue com a leitura do termo de declaração). Que ambos (Doutor Augusto e Ivete) passaram um tempo no local, ou seja, no corredor próximo à cafeteria, conversando. Que não sabe precisar exatamente quanto tempo os dois teriam passado nesse local. Que o Doutor Augusto ofereceu um copo com um pouco de refrigerante para Ivete. Que os dois (Doutor Augusto e Ivete) se sentaram no sofá.
Gabriel	(Falando, e ao mesmo gesticulando com as mãos, para indicar as posições). Isso! Exatamente isso... Por exemplo, se o sofá estivesse aqui, nessa posição, ele estaria sentado desse lado, e ela desse outro lado aqui.

Pablo	Ok! (Prossegue com a leitura do termo de declaração) Que depois de algum tempo que não consegue precisar (entre 15 e 20 minutos) o Doutor Augusto se levantou e se dirigiu até o seu carro, que estava no estacionamento. Que Ivete entrou em uma sala. Que essa sala em que a Ivete entrou era a sala do Doutor Augusto. Que o Doutor Augusto também entrou em sua sala após retornar do estacionamento. Que antes das 3h00 da manhã Ivete saiu da sala do Doutor Augusto. Que ela teria permanecido perto da sala, sentada no corredor. Que esse local em que Ivete se sentou era um recuo que fica atrás do elevador. Que Ivete permaneceu sentada com as duas mãos no rosto. Que achou que Ivete estaria dormindo.
Gabriel	(Demonstrando com as mãos a forma como Ivete estaria nesse momento). Isso mesmo! Ela estava dessa forma aqui, com as duas mãos no rosto. A impressão que eu tive na hora era de que ela estava dormindo...
Pablo	(Acena afirmativamente com a cabeça e depois retoma a leitura do termo de declaração). Que o Doutor Augusto dei...
Gabriel	(Interrompendo Pablo no meio de sua leitura). Espera... Espera! Eu posso fazer uma correção, né? Acabei de me lembrar de um detalhe!
Caso a testemunha deseje realizar correções, deve-se interromper imediatamente a leitura para fazer os ajustes necessários.	
Pablo	Claro... Se você perceber algo que tenha sido registrado de forma equivocada ou mesmo se você se lembrar de algum detalhe novo, podemos corrigir sim...
Gabriel	Pois é... Foi exatamente que aconteceu! Enquanto você lia eu ficava imaginando a cena aqui... E acabou que eu lembrei de um detalhe que não tinha mencionado antes...
Pablo	(assentindo afirmativamente com a cabeça) Muito bem, Gabriel. Pode falar!
Gabriel	Eu acabei de recordar que ela não foi direto para a parte que fica atrás do elevador. Ela passou no banheiro antes. Isso também te interessa? (Perguntou Gabriel, gesticulando com as mãos para demonstrar que não sabia se essa informação seria interessante para Pablo).

Pablo	Claro... Com certeza! Como eu disse no início, qualquer informação, por mais insignificante que pareça, será importante para nós.
Gabriel	Pois bem... Eu acabei de lembrar! Tenho certeza que ela passou no banheiro antes. Eu sei disso porque sempre que alguém entra no banheiro, durante a noite, a iluminação acende automaticamente, e provoca um clarão que deixa a câmera do CFTV cega por um segundo... (Enquanto falou do clarão, gesticulou com as duas mãos, abrindo bem os dedos, para reforçar o que queria dizer). E eu acabei de me lembrar agora, de forma nítida, que quando ela passou pelo corredor, antes de se sentar na parte de trás do elevador, eu vi esse clarão na câmera do monitor... Uns 2 ou 3 minutos depois ela saiu do banheiro, e logo depois a iluminação se apagou automaticamente, aí sim ela se sentou atrás do elevador.
As correções podem ser simples (um nome ou uma posição) ou lembranças mais complexas como essa que ocorreu com Gabriel. Qualquer uma deve ser prontamente corrigida no termo.	
Pablo	(Assentindo afirmativamente com a cabeça). Muito bom, Gabriel! Vamos inserir essa informação em seu termo de declaração.
Carlos	Ok! Já fiz a alteração aqui...
Pablo	Certo... Podemos prosseguir então?
Gabriel	Sim... Era só esse detalhe mesmo!
Pablo	(Prossegue com a leitura do termo de declaração). Que o Doutor Augusto deixou a sua sala depois de Ivete. Que o Doutor Augusto se dirigiu ao elevador. Que acredita que o Doutor Augusto possa ter advertido Ivete por estar dormindo no vão situado atrás do elevador. Que Ivete teria se levantado nesse momento. Que o Doutor Augusto teria segurado o braço de Ivete. Que o Doutor Augusto teria dito alguma coisa para ela. Que essa situação não teria demorado mais do que 30 segundos.
Gabriel	(Assentindo afirmativamente com a cabeça). Exato... Isso mesmo!

Pablo	(Prossegue com a leitura do termo de declaração). Que após isso o Doutor Augusto foi até o elevador e desceu para a garagem. Que o Doutor Augusto entrou em seu carro e saiu. Que isso teria ocorrido pouco antes das 3h00 da manhã. Que o seu plantão encerrou às 3h00 da manhã. Que foi substituído em seu posto pelo funcionário de nome Roberto.
Gabriel	(Assentindo afirmativamente com a cabeça). Perfeito... Foi isso mesmo!
Pablo	Excelente, Gabriel. Você teria mais alguma coisa a acrescentar sobre esse assunto. Qualquer coisa que ainda não tenhamos comentado e que esteja relacionada ao fato?
	É importante sempre dar uma nova oportunidade para que a testemunha realize alguma consideração ao final.
Gabriel	Não, nada mais... Acho que tudo o que lembrava já foi dito.
Pablo	Ok! Eu vou pedir então que você assine o termo de declaração. São duas vias... Uma via é sua e você pode levar.
Carlos	Aqui estão as duas vias do termo corrigido. Dê uma lida e se estiver tudo certo é só assinar.
Gabriel	Ok! Onde eu assino?
Pablo	Gabriel, eu gostaria de registrar o nosso agradecimento a você. O seu relato nos ajudará muito a apurar os acontecimentos.
	O agradecimento pela disponibilidade de tempo melhora ainda mais a relação e contribui para que, no futuro, Gabriel entre em contato caso se lembre de mais algum detalhe que não tenha sido mencionado.
Gabriel	Imagina... Foi um prazer ajudar! Se precisarem de mais alguma coisa é só falar.
Pablo	Ok! Eu vou deixar esse cartão com você Gabriel. Aqui tem os meus telefones. Vou solicitar a você que entre em contato comigo caso se recorde de mais algum detalhe depois. Tudo bem?
Gabriel	Claro... Pode deixar que se eu lembrar de mais alguma coisa eu aviso sim.
	Deixar um canal de comunicação aberto é importante. A testemunha pode lembrar-se posteriormente de algo e desejar repassar a informação.
Pablo	Excelente, Gabriel! Bem, nós terminamos por aqui. Temos um motorista lá embaixo, aguardando para te levar até em casa.
	O motorista é uma gentileza a mais e permite que a atividade seja o mais prazerosa possível
Gabriel	Opa! Maravilha... Não vou recusar a carona não... Um abraço, pessoal!

Caro leitor,

    Chegamos ao final de nosso Guia, mas não de nossos estudos. A partir de agora, transferimos a você o protagonismo desta jornada. Lembre-se sempre que cada entrevista é diferente e, com dedicação, estudo e prática, você poderá melhorar sua técnica cada vez mais. Desejamos, sinceramente, que você obtenha êxito total no desempenho de suas atribuições profissionais como entrevistador investigativo.

    E agora, que tal nos contar tudo sobre a sua experiência ao ler este livro?

Os autores

🌐 www.entrevistainvestigativa.com.br
✉ contato@entrevistainvestigativa.com.br

GLOSSÁRIO

A seguir, disponibilizamos ao leitor um glossário com o significado de alguns dos principais termos relacionados ao contexto da entrevista investigativa:

Acareação

Técnica que coloca frente a frente testemunhas ou acusados realizando a inquirição simultânea de ambos, com o objetivo de elucidar divergências identificadas em depoimentos anteriores.

Acusado

Termo utilizado para se referir ao indivíduo que esteja efetivamente respondendo a uma ação penal. É equivalente à palavra réu.

Álibi

Defesa apresentada pelo acusado com o objetivo de provar a sua inocência em relação a um determinado delito, por exemplo, por estar em local diverso no mesmo momento em que o crime tenha ocorrido.

Autuado

Termo geralmente utilizado para se referir ao indivíduo preso em flagrante pela prática de um crime.

Amnésia

Ausência, diminuição ou perda completa da memória, podendo resultar, dentre outros fatores, de traumas de natureza física ou psicológica. Pode afetar tanto a capacidade de retenção (a pessoa não consegue armazenar novas informações, mas ainda mantém antigos registros de memória), quanto a de recuperação (situação que pode comprometer, inclusive, a evocação de informações importantes de natureza pessoal).

Cinésica

Dimensão do comportamento não verbal que se dedica ao estudo dos gestos, posturas, movimentos corporais e expressões faciais.

Colaboração premiada

Ato mediante o qual são concedidos benefícios ao réu que decide colaborar com as investigações ou entregar seus comparsas no contexto de uma ação penal. Popularmente conhecido como delação premiada.

Condenado

Termo utilizado para se referir ao indivíduo acusado por um crime, após o trânsito em julgado da sentença penal que resultou em sua condenação.

Cross examination

Expressão utilizada no contexto da inquirição de testemunhas no processo penal, e que indica a realização de arguições de forma cruzada, ou seja, alternando-se entre a acusação e a defesa.

Degravação

Ato de registrar, fielmente e na íntegra, as exatas palavras que foram ditas pela testemunha. Não se confunde, portanto, com a transcrição, tendo em vista que esta última corresponde ao registro textual resultante da interpretação de terceiro.

Delação premiada

Ver colaboração premiada.

Denunciado

Termo utilizado para se referir ao indivíduo que figure em denúncia oferecida pelo Ministério Público, e sobre o qual existam indícios acerca da autoria e materialidade de um crime.

Depoimento especial

Consiste na oitiva de crianças e adolescentes que tenham sido vítimas de violência perante autoridade policial ou judiciária, conforme definido pela Lei 13.431 de 2017.

Escuta especializada

Entrevista aplicada a crianças e adolescentes que tenham sido vítimas de violência, realizada por profissionais integrantes da rede de proteção, a qual inclui, dentre outras, instituições ligadas à área de educação, saúde, conselhos tutelares e serviços de assistência social.

Háptica

Dimensão do comportamento não verbal que se dedica ao estudo dos diferentes tipos de toques. É equivalente ao termo tacêsica.

Hearsay Testimony

Ver a expressão testemunha de "ouvir dizer".

Indiciado

Termo utilizado para se referir ao indivíduo que, após a conclusão de inquérito, é apontado pela autoridade policial como autor da conduta apurada.

Informante

Termo utilizado para se referir ao indivíduo que, por ser a única pessoa capaz de fornecer prova sobre um determinado evento, é convocado a depor, embora esteja impedido de prestar declarações na condição de testemunha (por exemplo, por possuir parentesco com o acusado). Ao informante, diferentemente da testemunha, não se exige o compromisso de dizer a verdade.

Inquérito penal militar

Apuração sumária de fato (bem como de sua autoria) que, nos termos legais, configure crime militar.

Inquérito policial

Procedimento policial administrativo destinado à apuração da autoria e materialidade de fatos definidos como crime.

Inquirição

Arguição de testemunhas realizada pelas partes (acusação e defesa), ou pelo magistrado – de forma complementar – no curso do processo penal.

Interrogatório

Procedimento que pode ocorrer tanto na fase investigativa (policial) quanto na fase processual (judicial). Na fase investigativa corresponde à oitiva do indiciado conduzida pela autoridade policial, e possui natureza inquisitiva (dispensa o contraditório e a ampla defesa). Na fase processual, por outro lado, corresponde à arguição do acusado conduzida pelo magistrado, a respeito de sua qualificação pessoal e também sobre os fatos que lhe são imputados, e deve observar os princípios do contraditório e da ampla defesa.

Interrogatório sub-reptício

Refere-se ao interrogatório conduzido pela autoridade policial que esteja em descompasso com os preceitos estabelecidos pelo código de processo penal.

Investigado

Termo utilizado para se referir ao indivíduo cuja conduta seja apurada no âmbito de inquérito policial.

Memória de curto prazo

Registro temporário que permanece disponível por apenas alguns segundos.

Memória de longo prazo

Recordações que guardamos por longos períodos, em alguns casos, por toda a vida. Embora possam sofrer perdas ou deteriorações, com o transcurso do tempo, continuam intactas em seus elementos principais.

Memória declarativa

Corresponde ao conjunto das memórias episódicas e semânticas. É a memória evocada pela testemunha ao prestar a sua declaração.

Memória episódica

Corresponde à recordação de um evento específico. Sintetiza um conjunto de lembranças contextualizadas por um momento e local específico.

Memória procedimental

Consiste na memória referente a procedimentos motores e habilidades necessárias para a execução de uma determinada ação, como, por exemplo, tocar um instrumento musical ou andar de bicicleta. Embora seja mais difícil de adquirir, costuma ser mais duradoura, o que a caracteriza como uma memória de longo prazo.

Memória semântica

Corresponde a parte de nossa memória relacionada aos conceitos e significados que apreendemos ao longo da vida. Não se refere a eventos específicos.

Oculésica

Consiste no estudo do movimento ocular e seus significados no âmbito do relacionamento interpessoal. A manutenção do contato ocular relaciona-se com demonstração de interesse e atenção pelo que diz o interlocutor. Não está associada à veracidade das declarações.

Paralinguagem

Aspecto do comportamento não verbal que pode mudar o significado daquilo que é dito, atribuindo carga emocional às palavras. Inclui a velocidade da fala, o volume e a entonação da voz.

Perjúrio

Crime que corresponde à ação de mentir em juízo. No ordenamento jurídico brasileiro apenas as testemunhas podem cometer crime de perjúrio, consolidado na modalidade do falso testemunho, tendo em vista que as vítimas encontram-se dispensadas do compromisso com a verdade.

Prosódia

Relaciona-se com a forma como as palavras são acentuadas. A pronúncia das palavras pode estar relacionada a regionalismos e, em alguns casos, indica o local de procedência de quem esteja prestando a declaração.

Proxêmica

Estudo da dinâmica da relação humana baseada no distanciamento espacial que as pessoas mantêm entre si quando interagem socialmente.

Processo administrativo disciplinar

Instrumento destinado a apurar a responsabilidade de servidor público por infração praticada no exercício de suas funções, ou que tenha relação com as atribuições do cargo em que foi investido. Compreende sanções mais gravosas que a sindicância, e pode resultar, inclusive, na demissão ou cassação da aposentadoria do servidor responsável pela infração apurada. Assim como na sindicância punitiva, o servidor investigado possui total garantia ao contraditório e a ampla defesa durante a execução de um processo administrativo disciplinar.

Sindicância

Processo administrativo pelo qual servidores são incumbidos de realizar uma investigação administrativa com o objetivo de esclarecer fato cuja apuração seja de interesse da autoridade que determinou a sua instauração. Pode ser de natureza investigativa ou punitiva. A sindicância investigativa possui caráter inquisitorial, ou seja, não confere ao investigado o direito ao contraditório. A sindicância punitiva (um dos desdobramentos possíveis de uma sindicância investigativa) deve ser conduzida com o conhecimento do servidor investigado, o qual terá pleno direito ao contraditório e à ampla defesa, e poderá constituir provas, indicar testemunhas e acompanhar os atos praticados pela comissão.

Suspeito

Pessoa sobre a qual existam indícios, mas não provas, de sua ligação com um determinado crime, o qual ele teria praticado, auxiliado ou planejado.

Tacêsica

Dimensão do comportamento não verbal que inclui os diferentes tipos de toques. É equivalente ao termo háptica.

Testemunha abonatória

Termo utilizado para se referir à testemunha que não prestará declarações sobre o fato que esteja sendo apurado, mas, tão somente, sobre o caráter do indivíduo que estiver sendo acusado em sede de processo penal.

Testemunha de antecedentes

Ver a expressão testemunha abonatória.

Testemunha de canonização

Ver a expressão testemunha abonatória.

Testemunha de "ouvir dizer"

Testemunha que não presenciou o fato que seja objeto da apuração em si, mas obteve informações sobre ele a partir de terceiros.

Transcrição

Registro textual, conforme a interpretação de terceiros, das palavras que foram ditas por uma pessoa. Não se confunde com a degravação, tendo em vista que esta última corresponde ao registro fiel e literal das palavras ditas pela testemunha.

Vítima

Pessoa que sofreu os efeitos da ação criminosa. Diferentemente da testemunha, a vítima encontra-se legalmente dispensada do compromisso de dizer a verdade.

DECÁLOGO DO ENTREVISTADOR INVESTIGATIVO

Dez orientações especiais, conhecidas como o *decálogo do entrevistador investigativo*[1]:

1. **Engaje-se de corpo e alma** nesta fascinante atividade, e nunca se esqueça de que o respeito é um ingrediente fundamental para a obtenção de bons resultados em qualquer forma de relacionamento interpessoal.
2. **Desenvolva a habilidade de escutar** a testemunha, mas sem deixar de olhar para si mesmo. O seu corpo sempre estará dizendo alguma coisa, mesmo que você esteja calado.
3. **Aprenda a controlar a ansiedade** e mantenha-se calmo ao interagir com a testemunha. Lembre-se que "ninguém pode dar aquilo que não possui".
4. **Observe cuidadosamente a declaração da testemunha**, mas também perceba, com especial atenção, aquilo que ela não diz.
5. **Estude o caso com afinco.** Você deve ser capaz de relatar em detalhes o objeto da investigação. Isso o ajudará a perceber eventuais incoerências na forma como os relatos forem realizados.
6. **Mantenha a sua mente aberta.** Nunca imagine que você já sabe tudo sobre o ocorrido. Mesmo após o encerramento de um caso, você ainda poderá descobrir fatos novos e importantes a seu respeito.
7. **Não despreze nenhuma testemunha.** Vários casos de alta complexidade já foram elucidados graças ao relato de pessoas que, inicialmente, não estavam dispostas a colaborar.
8. **Mantenha-se atualizado.** Sempre que possível, participe de cursos de formação e capacitação profissional. Leia materiais especializados e troque experiência com outros profissionais que atuem na área.
9. **Planeje a sua atividade.** Identifique previamente as particularidades de cada testemunha, e esteja preparado para interagir com elas de forma satisfatória.
10. **Documente a sua entrevista.** Pode ser necessário resgatar informações de casos antigos, sobre os quais já não nos recordamos de muitos detalhes e, como bom entrevistador, você deve saber que a nossa memória às vezes nos trai...

---

1 Orientações apresentadas pelo Prof. Maurício Viegas durante o encerramento do 1º Seminário Brasileiro de Entrevista Investigativa e Análise de Veracidade, realizado nos dias 1 e 2 dezembro de 2018, no Edifício Sede da Justiça Federal, em Brasília/DF.

REFERÊNCIAS

BLACK, I. S.; FENNELLY, L. J. **Investigations and the Art of the Interview**. Edição: 4 ed. Place of publication not identified: Academic Press, 2020.

DEMARAIS, A.; WHITE, V. **A Primeira Impressão É A Que Fica**. Edição: 1a ed. Rio de Janeiro: Sextante, 2005.

FISHER, R. P.; GEISELMAN, R. E. **Memory-Enhancing Techniques for Investigative Interviewing: The Cognitive Interview**. Springfield, Ill., U.S.A: Charles C. Thomas Publisher, 1992.

GODDEN, D. R.; BADDELEY, A. D. **Context-Dependent Memory in Two Natural Environments: On Land and Underwater**. British Journal of Psychology, v. 66, n. 3, p. 325–331, ago. 1975.

GORDON, N. J.; FLEISHER, W. L. **Effective Interviewing and Interrogation Techniques**. Edição: 3 ed. [s.l.] Academic Press, 2010a.

GORDON, N. J.; FLEISHER, W. L. **Effective Interviewing and Interrogation Techniques**. Edição: 3 ed. [s.l.] Academic Press, 2010b.

INBAU, F. E. **Lie Detection and Criminal Interrogation**. Edição: Second Edition ed. [s.l.] The Williams and Wilkins Co, 1949.

LOFTUS, D. E.; KETCHAM, K. **The Myth of Repressed Memory: False Memories and Allegations of Sexual Abuse**. Edição: 1st St. Martin's Griffin ed ed. [s.l.] St. Martin's Griffin, 2013.

LOFTUS, D. E.; KETCHAM, K. **Witness for the Defense: The Accused, the Eyewitness, and the Expert Who Puts Memory on Trial**. Edição: Reprint ed. [s.l.] St. Martin's Press, 2015.

LOFTUS, E. F.; PALMER, J. C. Reconstruction of automobile destruction: An example of the interaction between language and memory. **Journal of Verbal Learning and Verbal Behavior**, v. 13, n. 5, p. 585–589, out. 1974.

SANTOS, Benedito R. dos; GONÇALVES, Itamar B.; ALVES JUNIOR, Reginaldo T. (org). **Protocolo brasileiro de entrevista forense com crianças e adolescentes vítimas ou testemunhas de violência**. São Paulo e Brasília : Childhood - Instituto WCF-Brasil: CNJ: UNICEF, 2020, 74p.

STEWART, C. J.; CASH, W. B. **Interviewing: Principles and Practices** Edição: 15 ed. [s.l.] McGraw-Hill Education, 2017.

VRIJ, A. **Detecting Lies and Deceit: Pitfalls and Opportunities**. Edição: 2 ed. [s.l.] Wiley, 2011.

YESCHKE, C. L. **The Art of Investigative Interviewing**. Edição: 2 ed. Amsterdam ; Boston, MA: Butterworth-Heinemann, 2002.

ZULAWSKI, D. E. et al. **Practical Aspects of Interview and Interrogation**. Edição: 2 ed. [s.l.] CRC Press, 2001.